W0190208

Steffen Schramm
Lothar Hoffmann

Gemeinde geht weiter

Theorie- und Praxisimpulse
für kirchliche Leitungskräfte

Verlag W. Kohlhammer

Diese Veröffentlichung wurde finanziell unterstützt durch
die Evangelische Kirche der Pfalz (Protestantische Landeskirche)

1. Auflage 2017

Alle Rechte vorbehalten
© W. Kohlhammer GmbH, Stuttgart
Gesamtherstellung: W. Kohlhammer GmbH, Stuttgart

Print:
ISBN 978-3-17-032507-4

E-Book-Formate:
pdf: ISBN 978-3-17-032508-1
epub: ISBN 978-3-17-033349-9
mobi: ISBN 978-3-17-033350-5

Für den Inhalt abgedruckter oder verlinkter Websites ist ausschließlich der jeweilige
Betreiber verantwortlich. Die W. Kohlhammer GmbH hat keinen Einfluss auf die
verknüpften Seiten und übernimmt hierfür keinerlei Haftung.

Inhalt

Vorab:
Gemeinde geht weiter

Die Zukunft unserer Kirche hat schon begonnen. Zahlreiche Kirchenvorstände, Pfarrer und Gemeinden haben sich schon auf den Weg gemacht. An vielen Stellen wächst bereits Neues. Mit diesem Buch möchten wir Sie darin bestärken, mit ihrer Gemeinde, ihrer Region oder ihrem Kirchenbezirk weiter zu gehen.

In allen Bereichen zeigt sich, dass wir in einer globalen Transformationsphase leben: politisch bildet sich nach dem Ende des Ost-West-Antagonismus eine polyzentrische Weltordnung aus. Die digitale Revolution verändert die weltweiten Wirtschaftsbeziehungen, die Berufswelt und unseren Alltag mit noch nicht absehbaren Folgen. Gesellschaftlich erleben wir Momente weitergehender ethischer und kultureller Durchmischung und Pluralisierung, begleitet von massiven Renationalisierungs- und Abschottungstendenzen. Die demographische Entwicklung in Deutschland wirkt sich auf den Mitgliederbestand, die Finanzkraft wie auch auf die Anzahl der in der Kirche Tätigen aus, vor allem der Pfarrerinnen und Pfarrer. Für Landeskirchen und Bistümer verändern sich dadurch fundamentale Rahmenbedingungen ihrer Organisation und ihres Handelns.

Wenn sich so vieles verändert, können Landeskirchen und Bistümer nicht bleiben wie sie sind. Die Kirche Jesu Christi will immer neu Gestalt gewinnen. Und sie tut es auf immer neuen Wegen.

Dieses Buch lädt ein, weiterzugehen und neue kirchliche Lebensgestalten zu entwickeln. Zwei Wege, die wichtiger werden, sind Zusammenarbeit und Leitung. Hinter dem Gedanken stärkerer Kooperation steht die Einsicht: Vieles wird zukünftig besser möglich sein, wenn in den Kirchen mehr zusammengearbeitet wird. Und wenn mehr zusammenarbeitet wird, ist vieles möglich, was bisher nicht ging. Besondere Bedeutung kommt einer neuen Form der Selbstgestaltung zu: Konzepte in regionaler Vernetzung werden zukünftig eine größere Rolle spielen und die Zusammenarbeit steuern. Spirituelle und theologische Aspekte gewinnen dabei an Bedeutung.

Mit der Entwicklung von Konzepten und einer konzeptgesteuerten Zusammenarbeit haben kirchliche Leitungsgremien noch nicht allzu viel Erfahrung. Sie werden sie nur gewinnen, indem sie in der Praxis neue Schritte tun. Deshalb beschreibt der zweite Teil dieses Buches sieben konkrete Schritte zu neuen Konzepten kirchlichen Lebens – knapp, praxisnah und mit Materialien. Sie können den zweiten Teil verwenden ohne den ersten zu lesen.

Die vorgeschlagenen Schritte resultieren aber aus wissenschaftlichen Analysen und Reflexionen, die im ersten Teil dieses Buches erläutert werden. Er beschäftigt sich mit der neuen Situation und stellt dar, welche Überlegungen uns leiten, wenn wir

Ihnen sieben Schritte zur Entwicklung von Konzepten in regionaler Vernetzung vorschlagen.

Weil es eine breite Ökumene organisationaler Problemlagen gibt, wendet sich dieses Buch an Menschen in Landeskirchen und Bistümern, obwohl es im evangelischen Kontext entstanden ist. Seine Wurzeln liegen einerseits in der Perspektiventwicklung der Evangelischen Kirche der Pfalz, an der Steffen Schramm seit 1999 beteiligt war. Als Leiter des Instituts für kirchliche Fortbildung hat er seit 2006 die Veranstaltungsreihe »Perspektive 2020 – Herausforderungen annehmen, den Wandel gestalten« entwickelt und zusammen mit Lothar Hoffmann durchgeführt. Lothar Hoffmann hat als Referent im Institut für kirchliche Fortbildung Gemeinde-Projekte begleitet, die aus dieser Arbeit hervorgegangen sind. Seine diesbezüglichen Erfahrungen in der Altenarbeit hat er bereits an anderer Stelle publiziert.[1] Die zweite Wurzel ist die aus der Mitarbeit in diversen Perspektivkommissionen erwachsene Dissertation von Steffen Schramm[2], die 2014 in das Strategiepapier der Evangelischen Kirche der Pfalz »Pfarramt und Dekansamt im Wandel. Impulse zur Weiterentwicklung von Amt und Aufgaben« einfloss, das Projekte zur Konzeptentwicklung in regionaler Vernetzung initiierte.

Lothar Hoffmann hat in Teil II die Kapitel über Sozialraumanalyse, Milieuperspektive, Projektmanagement und Öffentlichkeitsarbeit geschrieben, Steffen Schramm die anderen Kapitel verfasst und die Graphiken erstellt.

Die Gestaltungshinweise von Ute Ziegler und Hajo Sommer haben weitergeführt, wie immer. Die Begleitung durch Herrn Dr. Weigert vom Kohlhammer-Verlag war förderlich, der Druckkostenzuschuss der Evangelischen Kirche der Pfalz eine schöne Anerkennung.

Den Genannten gilt unser Dank für ihre Unterstützung, Ihnen, liebe Leserinnen und Leser, für Ihr Interesse an der Zukunft Ihrer Kirche.

Pfingsten 2017
Steffen Schramm, Lothar Hoffmann

Inklusive Sprache kennt noch keine festen Regeln. Wir verwenden abwechselnd männliche und weibliche Formen.

---

1 Martin Erhardt, Lothar Hoffmann, Horst Roos, Altenarbeit weiterdenken. Theorien – Konzepte – Praxis, Stuttgart 2014
2 Steffen Schramm, Kirche als Organisation gestalten. Kybernetische Analysen und Konzepte zu Struktur und Leitung evangelischer Landeskirchen, Berlin 2015.

Zur Einführung:
Weiterdenken – weitergehen

Evangelische Landeskirchen und katholische Bistümer befinden sich in einem epochalen Umbruch. Viele merken es: die bisherigen Aktivitäten erfahren geringere Resonanz, Strukturen tragen nicht mehr. Die weniger werdenden Pfarrerinnen und Pfarrer und auch Presbyterien ächzen unter der Last immer neuer, zusätzlicher Aufgaben. Leitung stößt an ihre Grenzen, erkennbar an Problemstau und Perspektivenschwäche. Die Frage nach dem Warum und Wozu, nach Sinn- und Funktion bisheriger kirchlicher Lebensformen und auch der Kirche selbst ist in ihrer Mitte angekommen.

Die Kirchengestalt, die in den letzten 50 Jahren kirchliches Leben geprägt hat, vergeht – nicht weil die Kirchen und ihre Mitarbeitenden versagt, zu wenig gearbeitet oder sich nicht genug bemüht hätten. Sie vergeht, weil sich die Rahmenbedingungen fundamental verändern. Die beiden großen Kirchen leben unter neuen Realitäten. Mit ihnen gilt es umzugehen.

Nachdem über 250 Jahre lang die Zahl der Kirchenmitglieder demographisch bedingt wuchs, sinkt sie seit 1968 – eine Entwicklung, die auch im Jahr 2050 noch nicht beendet sein wird. Nach über 100 Jahren Kaufkraftzuwachs geht die kirchliche Finanzkraft langfristig zurück. Und in den 2020er Jahren treten die Babyboomer in den Ruhestand ein, wodurch sich die Anzahl der Pfarrerinnen und Pfarrer deutlich verringern wird. Hinzu kommt, dass die Tradierungsprobleme des Glaubens seit langem anhalten und sich angesichts von Individualisierung und Pluralisierung zu verschärfen drohen.

Manche deprimiert das. Insbesondere Kirchenleitende sprechen vom »Bedeutungsverlust« der Kirche, andere von Niedergang. Gefordert wird good und best practice, Ausschöpfen von Einsparpotentialen, Verbesserung der Abläufe. Und vor allem reagieren Landeskirchen durch einen Rückbau von Strukturen und Einsparungen – häufig nach dem Rasenmäherprinzip und in der Absicht, vom Bisherigen so viel wie möglich zu erhalten.

Erneuerung, nicht Optimierung

Die Einschätzung, es ginge in den laufenden Reformen nur um eine Optimierung des Bestehenden, dürfte jedoch täuschen. Die Veränderungsnotwendigkeiten reichen tiefer.

Je nach Umfang und Tiefe ist der Wandel einer Organisation eher als Optimierung oder als Erneuerung zu charakterisieren. Während Optimierung mit einem Fine-Tuning innerhalb gegebener Strukturen und Muster verglichen werden kann, ist von Erneuerung zu sprechen, wenn

- kollektive Denk- und Deutungsmuster,
- das Selbstverständnis und die Identität,
- die Einbettung in die Umwelt,
- grundlegende Aufgaben und Leistungsangebote,
- organisationale Routinen, Interaktionsformen und Haltungen im Blick auf Anspruchsgruppen,
- Formen der Führung und Zusammenarbeit,
- Prozessarchitektur und Prozessmuster

oder zumindest eine der genannten Kategorien mit erheblichen Auswirkungen betroffen sind.

Wie es scheint müssen sich die Landeskirchen in *jeder* dieser Hinsichten verändern. Der Wandel ist *breit* in seinem Umfang, denn es sind viele Arbeitsfelder, Tätigkeitsbereiche, Prozesse und Menschen gleichzeitig in die Veränderungen involviert, und dies flächendeckend. Der Wandel ist *tief* und *von großer Tragweite*, weil die strukturellen Festlegungen, das kulturelle Selbstverständnis und die organisationalen Routinen betroffen sind. Und der Wandel vollzieht sich mit hoher Geschwindigkeit, er ist *intensiv*.

Angesichts des dreifachen »Weniger« (Mitglieder, Finanzkraft, Personal) haben Landeskirchen und Bistümer die Wahl zwischen mangelinduzierter Restrukturierung und auftragsorientierter Reform, zwischen der Verwaltung des Ressourcenrückgangs und der Gestaltung der Transformation. Verwaltung des Ressourcenrückgangs heißt: weiter wie bisher, aber auf niedrigerem Level und unter erschwerten Bedingungen. Gestaltung der Transformation bedeutet, die Muster des Handelns, das Verhältnis zur Umwelt, die Identität, die Kultur und Arbeitsweise weiter zu entwickeln, um dadurch neue Möglichkeiten und Chancen einer Kirche im Werden zu entdecken und zu nutzen.

Soziale Systeme sterben, wenn sie an gewachsenen Formen festhalten. Lebendig ist eine Kirche, die sich an ihrem Auftrag orientiert, lebensfähig eine Organisation, die ihre Funktionalität durch Wandel wahrt.

Jeder Versuch, die bisherigen Handlungsmaximen und -muster beizubehalten, läuft zwangsläufig auf eine Mangelverwaltung hinaus. Der Mut zu neuen Handlungsmustern birgt die Chance erneuernder, auftragsgemäßer Selbstgestaltung.

Je länger eine Landeskirche oder eine Diözese als Organisation an bisherigen Maximen festhält, desto stärker dürfte sie in Bedrängnis geraten und umso härter wird sie irgendwann umsteuern müssen – sofern sie dann noch über die nötigen Mittel verfügt.

In der Transformationskrise ist eine Verunsicherung über Wesen, Wege und Formen christlichen Lebens eingetreten: Wer sind wir als Kirche? Was ist unser Auftrag? Wohin soll es gehen?

Diese Fragen stellen sich nicht zum ersten Mal. Vieles, was an kirchlichem Leben und kirchlicher Organisation heute normal ist, stellte ursprünglich eine zunächst ungewohnte Reaktion auf ähnliche Verunsicherungen dar.

Die Gründung diakonischer Einrichtungen in der ersten Hälfte des 19. Jahrhunderts etwa war eine solche Innovation kirchlichen Lebens. Die Motivation Bedürftigen zu helfen ist so alt wie das Christentum, die Form von privaten Stiftungen und modernen Vereinen war damals etwas Neues. Auch unsere heutigen, territorial kleinräumigen Kirchengemeinden, die ihren eigenen Pfarrer, ihre eigene Kirche und vor allem ihr eigenes Gemeindehaus haben, galten um 1900 als »revolutionäres« Gemeindekonzept.

Diese wenigen Beispiele zeigen: Was heute vergeht, war vor gar nicht allzu langer Zeit eine Innovation, die sich gegen Widerstände durchsetzen musste. Vor allem aber zeigen sie: Das Christentum war immer innovativ. Warum soll heute nicht gelingen, was damals gelang?

Seit Mitte der 1990er Jahre führen viele Landeskirchen und Bistümer Rückbaumaßnahmen und Strukturreformen durch. Doch wenn es nicht um eine Optimierung, sondern um eine Erneuerung kirchlicher Organisation und kirchlichen Lebens geht, dann heißt das, alle Aspekte kirchlichen Lebens und kirchlicher Organisation sind weiter zu entwickeln und aufeinander zu beziehen. Es hilft nicht, »geistliche Erneuerung« und »Strukturreform« als Gegensätze zu konstruieren. Ein ganzheitlicher Blick ist gefragt und nötig.

Wenn das Bisherige fragil wird, tut man gut daran, inne zu halten, sich des eigenen Standorts zu vergewissern und sich zu besinnen. Soll Gemeinde weitergehen, muss sie weiter denken.

Weiterdenken

Der erste Teil des Buches stellt sieben Überlegungen an, die auf die Ermöglichung neuer Gestalten kirchlichen Lebens zielen. Sie beziehen sich auf den Kirchenbegriff, die bisherige Entwicklung der Landeskirchen als Organisationen, ihre Struktur, Leitung, Politik und Kultur.

Kapitel eins skizziert einen dreifachen Kirchenbegriff, um deutlich zu machen: Es ist der Auftrag, dem unsere Kirche und unsere Gemeinden treu bleiben sollen, nicht die aktuellen sozialen Formen und organisationalen Strukturen. Die sind veränderbar und gehen weiter.

Der zweite Abschnitt hilft einzuschätzen, wo unsere Gemeinden und Landeskirchen als Organisationen stehen, wie sie dorthin gekommen sind und wohin es gehen kann.

Das dritte Kapitel erläutert die Vorzüge von Netzwerkstrukturen gegenüber der aktuellen territorialen und funktionalen Versäulung.

Kapitel vier beantwortet die Frage, warum sich auch kirchliche Leitung weiterentwickeln muss und unter den Bedingungen von Dynamik und Komplexität eine Steuerung durch Leitbilder und Konzepte weiter führt.

Das fünfte Kapitel beschreibt, was grundlegend für die Entwicklung kirchlicher Konzepte ist: die Orientierung am kirchlichen Auftrag und an den Lebensräumen und Lebenswelten der Menschen.

Eine Kirche, die sich nicht verändern will, obwohl doch alles um sie herum sich ändert, wird niedergehen. Lebendig ihrer Aufgabe nachkommen wird sie, wenn sie sich neu in ihren gesellschaftlichen Bezügen positioniert, indem sie sich auf ihren Auftrag besinnt. Von besonderer Bedeutung ist deshalb die Frage, wie christliche Spiritualität und theologische Reflexion in den Prozess kirchlicher Selbstgestaltung implementiert werden kann. Das sechste Kapitel beschäftigt sich damit unter dem Stichwort »auftragsorientierte Wahrnehmung«.

Keine Kirche kann die notwendige Erneuerung leisten, wenn die Mitarbeitenden dies nicht wollen. Kapitel sieben fragt nach Grundhaltungen kirchlicher Mitarbeitender, die Grund, Gestalt und Bestimmung der Kirche entsprechen.

In einem Zwischenschritt finden Sie zunächst eine kurze Zusammenfassung der bisherigen Überlegungen, und danach einige methodische Hinweise, für den Fall, dass Sie mit ihrer Gemeinde, ihrer Region, ihrem Kirchenkreis weitergehen wollen.

Weitergehen

Basierend auf den in Teil I angestellten Überlegungen bietet Teil II eine Arbeitshilfe, die sieben Schritte auf dem Weg der Weiterentwicklung von Kirche in regionaler Vernetzung beschreibt. Ziel sind erneuerte und neue Konzepte und Gestalten kirchlichen Lebens. Wir laden Sie ein, diesen Schritten zu folgen.

Damit Sie auf gutem Weg bleiben und Kurs halten, erläutert der letzte Abschnitt ein noch ungewohntes, aber wichtiger werdendes Thema: Controlling in der Kirche. Nicht »Kontrolle« steht im Focus, sondern die Frage: kommen wir unserm Ziel näher oder müssen wir nachsteuern?

Den ersten Schritt tun

Der Leitfaden in Teil II ermöglicht beides: Sie können den Weg Ihrer Gemeinde oder Region als Ganzes reflektieren, indem Sie ein Leitbild mit den entsprechenden Teilkonzepten erarbeiten. Dazu geben wir in sieben Schritten Anregungen.

Sie können aber auch klein anfangen und zunächst einen Teil ihrer Gemeindearbeit in regionaler Vernetzung erneuern, indem Sie z. B. ein Gottesdienst- oder Seelsorgekonzept entwickeln. Wie die vorgeschlagenen Schritte bei einer Teilkonzeptentwicklung ausgestaltet werden können, illustriert ein Beispiel zur Konfirmandenarbeit. Sie finden es jeweils am Ende eines Kapitels in einem mit grauem Rand markierten Textfeld.

Interaktiv nutzen und Beratung anfragen

Dieses Buch ist ein Werkbuch. Teil I fordert die Diskussion heraus. Die sieben Schritte zur Konzeptentwicklung in Teil II laden zu neuen Wegen der Selbstgestaltung ein.

Unter http://blog.kohlhammer.de/theologie/gemeinde-geht-weiter/ stehen Ihnen alle Arbeitsblätter und Tabellen aus diesem Buch sowie weitere Materialien zur Verfügung: in einem größeren Format für ihre konkrete Arbeit vor Ort. Sie können die Arbeitsblätter ausdrucken und dann damit arbeiten. Sie können sie aber auch in ihrem Computer ausfüllen, z. B. indem Sie in einer Sitzung oder einem Workshop einen Beamer verwenden, so dass alle mitlesen und mitdenken können.

Als Autoren sind wir gespannt auf Ihre Rückmeldungen und Erfahrungen. Bitte schreiben Sie uns:

Steffen Schramm: steffen.schramm@institut-kirchliche-fortbildung.de;

Lothar Hoffmann: IMPULSEhoffmann@web.de.

I. weiter denken

Neue Gestalten kirchlichen Lebens sind möglich.
Überlegungen dazu

1.   Kirche:
Vom zweifachen zum dreifachen Kirchenbegriff

Dem Auftrag treu bleiben!
Sozialformen erneuern.

Die erste Überlegung bezieht sich auf das Kirchenverständnis und führt einige Unterschei-
dungen ein. Sie geht von der Beobachtung aus, dass sich viele Gemeinden schwer damit tun,
wenn ihre bisherigen Aktivitäten an Attraktivität verlieren und keine neuen Menschen an-
ziehen. Viel Kraft wird darauf verwendet, bisherige Sozialformen zu erhalten, bis dahin, dass
unkenntlich wird, wofür Kirche eigentlich steht. Dabei ist es die Bestimmung von Kirche, die
gleich bleibt, während Sozialformen, Strukturen und Handlungsweisen variabel sind.

Beim Stichwort Kirche stellt sich als erste Assoziation das Kirchengebäude ein. Kirce
wird aber auch identifiziert mit organisatorischen Strukturen wie Parochialgemeinden
oder bestimmten Sozialformen wie zum Beispiel den Gruppen und Kreisen im Gemeindehaus.

In diesem Abschnitt soll auf die Frage nach den Sozialformen und Strukturen der
Kirche ein grundsätzlicher Blick geworfen werden, der deutlich macht: kirchliche
Sozialformen und Strukturen sind nicht beliebig, aber variabel. Stabil und stetig ist
der Auftrag der Kirche. Wandelt sich die Welt, in die Kirche und Gemeinden gewiesen
sind, müssen sich auch ihre Sozialformen und Strukturen wandeln, wenn sie ihrem
Auftrag treu bleiben wollen. Die Treue gilt nicht den Sozialformen und Strukturen,
sondern dem Auftrag und der Bestimmung der Kirche.

Wie ist das im Einzelnen zu denken? Am besten im Rahmen eines dreifachen
Kirchenbegriffs.[1]

Ein dreifacher Kirchenbegriff

Bekannt sind duale Kirchenbegriffe, die die geglaubte und die empirische, die sichtbare
und die verborgene Kirche unterscheiden. Für die zu Großorganisationen gewordenen
Landeskirchen macht es aber Sinn, Kirche als Glaubensgemeinschaft, Handlungsgemeinschaft und Rechtsgemeinschaft zu beschreiben. Damit sind nicht drei unterschiedliche

---

1 Vgl. Schramm, Kirche als Organisation gestalten, 16–44.

Gemeinschaften gemeint, sondern drei Dimensionen von Kirche. Eine Gemeinschaft von Menschen, die glaubt, wird auch aus diesem Glauben heraus handeln. Und wer gemeinsam handelt, wird sich überlegen, wie er sich am besten organisiert, damit sein Handeln dauerhaft möglich und erfolgreich wird. Dafür stellt er Regeln auf, im Falle der Kirchen das Kirchenrecht, und bildet Berufsrollen resp. Ämter aus.

Grundlegend für das Kirchenverständnis ist die Einsicht, dass sich die Kirche als Glaubensgemeinschaft ganz dem Wirken Gottes verdankt, die Kirche als Handlungs- und Rechtsgemeinschaft aber ganz in der Verantwortung der Menschen liegt.

Kirche als Glaubensgemeinschaft

Die Kirche als *Gemeinschaft der Glaubenden* ist Folge des Handelns Gottes. Setzen sich Menschen mit Gottes Wort auseinander und machen sie dabei die Erfahrung, dass sich hier ihrem Leben ein tragender Sinn erschließt, so wird diese Wirkung dem Geist Gottes zugeschrieben. Die Kirche als Glaubensgemeinschaft entsteht nicht aus sich selbst oder durch einen freien Entschluss, sondern aus dem Wirken des Geistes Gottes, der in Menschen Glauben weckt. Die Kirche als Glaubensgemeinschaft ist Geschöpf des Wortes Gottes, durch das Wirken des Heiligen Geistes. Der Grund der Kirche ist Gottes versöhnendes Handeln in Jesus Christus.

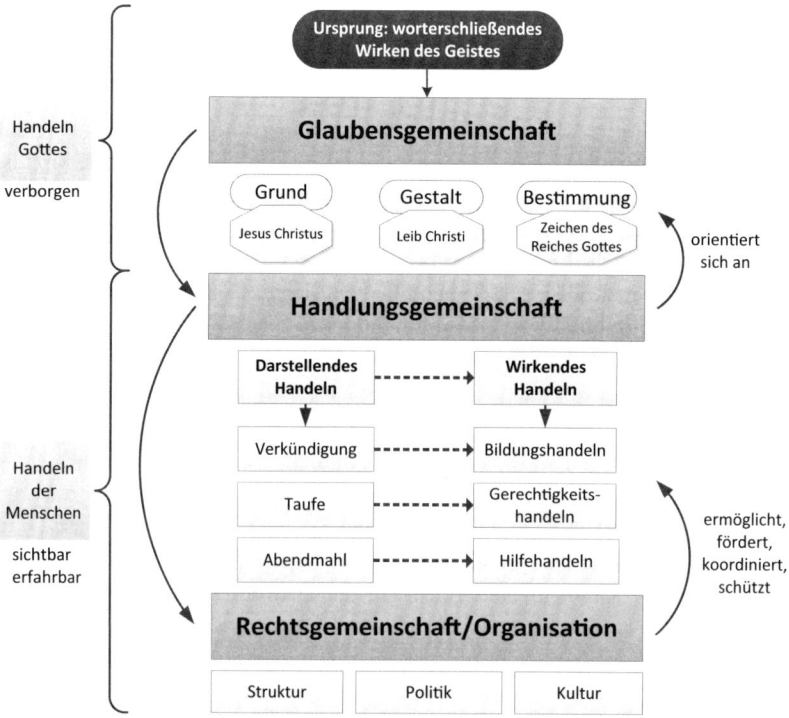

Abb. 1: Dreifacher Kirchenbegriff

Die Glaubenden sind eine Gemeinschaft versöhnter Verschiedener und als solche der Leib Christi. Der Leib Christi ist nur einer, weil er nur ein Haupt hat: Christus. Er ist heilig, nicht weil er moralisch einwandfrei wäre, sondern weil er zu Christus gehört. Er ist »katholisch«, weil universal und umfassend. Und der Leib Christi ist apostolisch, weil er aus der Quelle der in der Bibel bewahrten apostolischen Überlieferung lebt und ihr verpflichtet ist. Der Leib Christi ist die eine, heilige, katholische, apostolische Kirche.

Diese Glaubensgemeinschaft hat eine Bestimmung: sie ist beauftragt, Zeichen des Reiches Gottes zu sein (vgl. Apg 1, 1-8).

Jesus hat das in seiner Person und in seinem Wirken schon anbrechende Reich Gottes in Gleichnissen angesagt und in Zeichen vergegenwärtigt. In seiner Gegenwart und durch sein Handeln erfuhren Menschen Befreiung, Heilung und Heil: Blinde sehen und Lahme gehen, Aussätzige werden rein und Taube hören, Tote stehen auf und den Armen wird das Evangelium gepredigt (Mt 11,5).

Die Gemeinschaft der Glaubenden kann das Reich Gottes nicht selbst herbeiführen. Sie ist auch nicht selbst das Reich Gottes. Sie hat den Auftrag, vorläufige Darstellung des Reiches Gottes zu sein, Zeichen, Vorgeschmack. Wie macht sie das? Indem sie aus Glauben handelt.

Wenn die Kirche als Gemeinschaft der Glaubenden die Bestimmung hat, Zeichen des Reiches Gottes zu sein, durch welche Handlungen kann sie dann *als Handlungsgemeinschaft* diesem Auftrag nachkommen?

Kirche als Handlungsgemeinschaft

Am deutlichsten tut sie es in der Feier des Gottesdienstes: durch die Verkündigung des Wortes und die Feier der Sakramente. In Predigten wird Gottes Heilshandeln persönlich bezeugt, in Taufe und Abendmahl bekennt die Gemeinde ihren Glauben. In der Taufe feiert sie die neue Identität eines Menschen in Christus, im Herrenmahl die neue Gemeinschaft in Christus.

Die liturgische Feier des Gottesdienstes hängt mit dem Gottesdienst im Alltag der Welt untrennbar zusammen. Auf welchen Feldern und wie soll die Gemeinschaft, die am Sonntag Gottesdienst feiert, durch ihr Handeln im Alltag der Welt den Gott des Lebens feiern? Man kann diese Frage so beantworten, dass man den Gottesdienst der Christinnen und Christen in der Welt im liturgischen Gottesdienst verankert.

Weil die *Wortverkündigung* selbst schon ein Bildungsgeschehen ist und weil das Verständnis der Verkündigung ein gewisses Maß an *Bildung* voraussetzt, hat Kirche stets einen starken Impuls zur Bildung im umfassenden Sinn und ein Interesse daran, dass alle Menschen Zugang zu Bildungsprozessen haben. Aber auch, weil der Glaube ein Leben in verantworteter Freiheit intendiert, nimmt Kirche durch ihr eigenes *Bildungshandeln* am Bildungsprozess der Gesellschaft teil, um durch wirklichkeitserschließendes Wissen und handlungsorientierende Gewissheiten zu einem Leben in verantworteter Freiheit beizutragen. Kirche kann sich nicht für Unbildung einsetzen, weil Bildung die Voraussetzung für ein wohlgeordnetes Gemeinwesen darstellt und nur ein solches hinweist auf das Heil, das Gott seiner Schöpfung zudenkt. Deshalb wird eine Kirche, die sich nicht für Bildung einsetzt, nicht Zeichen des Reiches Gottes sein.

In der *Taufe* feiert die Kirche die Zuwendung Gottes zu jedem einzelnen Menschen, dem damit eine unverlierbare Würde zugesprochen ist. Haben Menschen die gleiche Würde, dann haben sie auch Anspruch auf gleiche Freiheitsrechte und gleiche rechtliche Anerkennung. Eine Kirche, die Menschen tauft, wird sich auch für Recht und Gerechtigkeit einsetzen und am *Gerechtigkeitshandeln* der Gesellschaft teilnehmen. Eine Kirche, die sich nicht für Gerechtigkeit einsetzt, wird nicht Zeichen des Reiches Gottes sein.

In der *Mahlfeier* der Gemeinde kommt die Versöhntheit der Verschiedenen zeichenhaft zum Ausdruck. Die am Tisch des Herrn zusammen feiern, können sich im Alltag der Welt nicht gleichgültig sein. Im Herrenmahl symbolisiert sich die Zusammengehörigkeit der Glaubenden. Wer im Glauben zusammengehört, steht sich im Leben bei. Liturgie und Diakonie sind zwei Seiten einer Medaille. Solidarische *Hilfe für Einzelne* und die Beachtung besonderer Bedürftigkeit ist deshalb für die Kirche als Handlungsgemeinschaft elementar. Eine Kirche, die den Bedürftigen nicht hilft, wird nicht Zeichen des Reiches Gottes sein.[2]

Kirche als Organisation

Das gemeinsame Handeln einer Gemeinschaft muss organisiert werden. Will eine Gemeinschaft ihr Verkündigungs-, Bildungs-, Gerechtigkeits- und Hilfehandeln auf Dauer ermöglichen, dann muss sie sich absprechen und koordinieren. Sie muss festlegen, wo sie Gottesdienste feiern will und dafür Gebäude errichten. Sie muss bestimmen, wer predigen und Kinder und Jugendliche im christlichen Glauben unterrichten darf. Sie muss sich darüber verständigen, nach welchen Regeln die einzelnen Mitglieder zum gemeinsamen Sein und Handeln beitragen sollen und können, angefangen bei den Finanzen bis hin zur Frage, wer welche Aufgaben übernimmt. Sie muss also unterschiedliche Mitgliedschaftsrollen schaffen (z. B. Mitglied und Mitarbeiter/Amtsträger), Kompetenzen regeln und *Strukturen* ausbilden (z. B. durch Einrichtung von Gremien und Zuweisung von Entscheidungsbefugnissen), die sie in Rechtssätzen festhält. Sie muss aber auch Ziele und Absichten festlegen und sich entscheiden, was genau sie tun, wo und wie sie handeln will – sie muss eine *Politik* entwickeln. Eine Kirche, die eine Organisation ausbildet, entwickelt darin mit der Zeit auch eine bestimmte *Kultur:* die Art und Weise, wie man die Dinge in dieser Kirche sieht, wie man sich verhält, was man für gut, was für weniger gut hält, welchen Stil man pflegt. Die Kirche als Handlungsgemeinschaft wird, um dauerhaft handeln zu können, zu einer Rechtsgemeinschaft, die eine Organisation hat.

Im Laufe der Kirchengeschichte haben sich an unterschiedlichen Orten unterschiedliche Kirchen mit unterschiedlichen Lebens- und Organisationsformen ausgebildet. Jede dieser Partikularkirchen umfasst alle drei Dimensionen von Kirche.

---

2 Diese Ausführungen stellen eine Vereinfachung dar. Vgl. dazu Schramm, Kirche als Organisation gestalten, 24–26 und 644–648.

Entscheidend bleibt die Einsicht: Die *Kirche als Handlungsgemeinschaft* ist in ihrem Handeln an ihrem Grund Jesus Christus, ihrer Gestalt als Leib Christi und ihrer Bestimmung, Zeichen des Reiches Gottes zu sein, zu orientieren und auszurichten.

Und die *Kirche im Rechtssinn*, die Strukturen, die Politik und die Kultur einer Partikularkirche haben einen einzigen Zweck: es der Kirche als Handlungsgemeinschaft zu ermöglichen, so zu handeln, dass sie Zeichen des Reiches Gottes ist. Das heißt: dass sie sich an ihrem Grund Jesus Christus, ihrer Gestalt als versöhnte Gemeinschaft der Verschiedenen, als die eine, heilige, katholische und apostolische Kirche ausrichten kann. Kirchliche Sozialformen und kirchliche Organisation sind deshalb nicht beliebig. Sie sind aber variabel.

Variabel, aber nicht beliebig: semper reformanda

Organisationsgestalten und Sozialformen von Kirchen haben sich stets im Zeitlauf verändert und müssen dies weiterhin tun, wenn sie ihre Funktion der Ermöglichung bewahren wollen. Denn die Welt, in die die Kirchen gewiesen sind, wandelt sich. Deshalb wandeln sich auch die Sozialformen der Kirche als Handlungsgemeinschaft und die sie ermöglichenden organisationalen Formen der Kirche als Rechtsgemeinschaft.

Man kann also sagen: Grund, Gestalt und Bestimmung sind der Kirche vorgegeben und invariabel. Sozialformen kirchlichen Handelns und Rechtsformen kirchlicher Organisation sind variabel – weil je kontextbezogen und -abhängig –, aber nicht beliebig, weil sie die Funktion haben, es Kirche zu ermöglichen, Zeichen des Reiches Gottes zu sein.

Das ist der Grund, warum die Treue der Christinnen und Christen dem Auftrag der Kirche gilt und nicht bestehenden Sozialformen. Der Auftrag bleibt bestehen, die Formen und Wege, ihm zu entsprechen, verändern sich. Sie sind fluide.

Ecclesia semper reformanda heißt konkret: wenn sich das Umfeld verändert, dann müssen Gemeinden, Kirchenkreise und Landeskirchen auch die Sozialformen ihres Handelns und alle Aspekte kirchlicher Organisation weiterentwickeln, damit sie in gemeinschaftlichem Handeln ihrem Grund und ihrer Bestimmung treu bleiben können.

Wenn kirchliche Mitarbeitende in Gestaltungsverantwortung merken, dass Bisheriges nicht mehr trägt und es so nicht mehr weitergeht, dann ist das kein Unfall, sondern der Normalfall kirchlicher Leitung. Dann stellt sich die Frage: wie müssen wir uns als Organisation nach Innen und Außen gestalten, damit wir im Sinne unseres Grundes Jesus Christus, unserer Gestalt als Leib Christi und unserer Bestimmung, Zeichen des Reiches Gottes zu sein, handeln können?

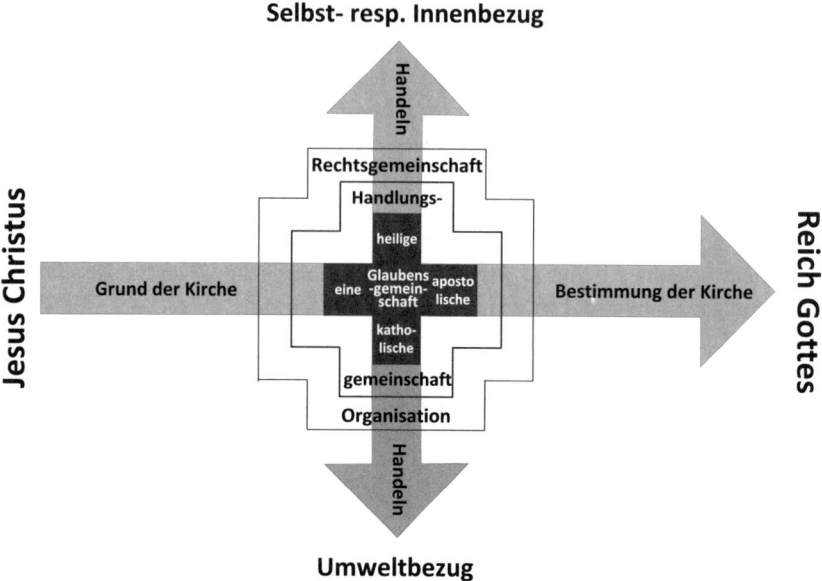

Abb. 2: Dreifacher Kirchenbegriff im ekklesiologischen Bezugsnetz

Lebendige Kirche, erstarrte Kirche

⌐⌐ Teilkirche, aus deren Gesamtheit das Ganze entsteht (RK)

Entdeckt eine Partikularkirche Formen des Handelns, die auf Christus und das kommende Reich transparent sind und darauf hinweisen, dass sie zu der einen, heiligen, universalen und apostolischen Kirche gehört, dann kann sie als lebendige Kirche gelten. Die wahre, lebendige Kirche gründet im Handeln Gottes und verweist mit ihrem Handeln auf Gottes Handeln.

Verabsolutiert eine Partikularkirche ihre aktuelle Form oder übernimmt sie unkritisch Formen aus ihrer Umwelt, wird sie Selbstzweck oder Mittel für die Zwecke anderer, so ist sie erstarrte, tote Kirche. Die Leitfrage für Leitende lautet insofern: Wie werden wir eine lebendige Kirche in neuen Sozial- und Organisationsformen?

Eine Konkretion

Am Beispiel des Begriffs »Gemeinde« sollen die bisher skizzierten Grundgedanken konkretisiert werden. In den Verfassungen und der Geschichte der Landeskirchen und Bistümer nimmt die örtliche Kirchengemeinde einen zentralen Platz ein. Dies aus gutem Grund. Als Rahmen für Netzwerke von Menschen, die sich persönlich kennen, als Möglichkeit wohnortnaher Teilhabe und Teilgabe an der Kommunikation des Evangeliums in Wort und Tat, als Ort, der auch weiterhin für viele Menschen den Mittelpunkt oder einen Schwerpunkt ihres Lebens darstellt, ist die Kirchengemeinde eine wichtige kirchliche Organisationsform. Dabei ist zu beachten, dass zwischen Gemeinde und Kirchengemeinde/Parochie zu unterscheiden ist.

»Gemeinde« ist ein theologischer Begriff, der sich auf zentrale neutestamentliche Aussagen wie Röm 10,17, 1 Kor 10,16-17 oder Gal 5,6 bezieht. Gemeinde ist durch das definiert, was in ihr geschieht: die Kommunikation und Praxis des Evangeliums in Verkündigungshandeln, in Hilfe-, Gerechtigkeits- und Bildungshandeln. Der theologisch qualifizierte Begriff »Gemeinde« bezeichnet die soziale Form der *Kirche als Handlungsgemeinschaft.*

»Kirchengemeinde« *(Parochie)* ist ein juristischer Begriff für eine territorial definierte *Organisation*seinheit (vgl. z. B. Kirchenverfassung der Evangelischen Kirche der Pfalz § 7,1). Die Parochie in ihrer heutigen Form wurde im letzten Drittel des 19. Jahrhunderts konzeptionell erdacht, weil man damals davon ausging, sie sei unter den gegebenen Bedingungen die beste Form, *Gemeinde* zu ermöglichen und zu fördern.

Den Menschen, die damals kirchliche Leitungsverantwortung wahrnahmen, war der Unterschied zwischen dem organisationalem Rahmen »Parochie« und der »Gemeinde« als Glaubens- und Handlungsgemeinschaft sehr bewusst. Ihre Schlüsselfrage lautete: Wie wird aus meiner Parochie eine Gemeinde? Wie kann ich innerhalb des organisationalen Rahmens das bewirken, wozu dieser Rahmen da ist: Gemeindebildung im Sinne von Grund, Gestalt und Bestimmung der Kirche? (Und natürlich wussten sie, dass es auch andere Organisationsformen von Gemeinde gibt wie zum Beispiel Anstalts-, Gefängnis- und Personalgemeinden).

In den 1950er Jahren diskutierten Christen intensiv, dass die Organisationsform Parochie aufgrund veränderter Bedingungen an ihre Grenzen stoße, und in den 1960er Jahren veränderten sie die Strukturen ihrer Landeskirchen, Kirchenbezirke und Parochien. Seit den 1990er Jahren gibt es erneut Diskussionen über den sinnvollen organisationalen Rahmen zukünftigen kirchlichen Lebens.

Damit sind wir beim Thema des nächsten Kapitels, das danach fragt, wie die Landeskirchen als Organisationen wurden was sie sind – und wie es weitergehen kann.

2. Kirchenentwicklung: Von der Differenzierungs- in die Integrationsphase

Veränderte Bedingungen annehmen!
Mutig voranschreiten.

Die zweite Überlegung beschäftigt sich mit Struktur und Leitung evangelischer Landes-
kirchen und macht deutlich: Kirche war und ist immer Kirche in Entwicklung. Wer ihre
Weiterentwicklung zu verantworten hat – also Presbyterinnen, Pfarrer, Bezirkskirchen-
räte, Bezirkssynodale, Dekane, Oberkirchenrätinnen, Bischöfe, Kirchenpräsidentinnen,
Mitarbeitende in funktionalen Diensten und Verwaltungen – tut gut daran, sich klar zu
machen, wo seine Kirche – genauer: seine partikularkirchliche Organisationseinheit –
steht und wie sie dorthin gekommen ist. Der Blick zurück zeigt nach vorn.

Das Kapitel skizziert die Entwicklung deutscher Landeskirchen als Organisationen.
Sie können leicht erkennen, wo Sie mit ihrer Gemeinde, ihrer Region, ihrem Kirchenbe-
zirk gerade stehen. Machen Sie den Test.

Kirchliche Organisation dient der Kirche als Handlungsgemeinschaft zur Kommunikation des Evangeliums in konkreten Umwelten. Ändern sich die Umweltbedingungen,
muss sich auch Kirche als Organisation weiterentwickeln – und die Rahmenbedingungen
ändern sich grundlegend durch rückläufige Mitgliederbestände, Kaufkraftverluste, Mitar-
beiterrückgang und die nachlassende Resonanz bisheriger Sozial- und Handlungsformen.

Wie sollen sich Landeskirchen zukünftig organisieren, um ihrem Auftrag nachkommen zu können? Welche Strukturmodelle ermöglichen es in den nächsten Jahren
am besten, aus Glaube, Liebe und Hoffnung der Bestimmung zu leben, vorläufige
Darstellung des Reiches Gottes zu sein?

Weil Organisationen sich nur von ihrem jeweiligen Standort aus weiterentwickeln
können, ist es hilfreich, sich den bisherigen Entwicklungspfad der Landeskirchen zu
vergegenwärtigen. Dabei wird auch deutlich: ältere Organisationsmodelle und vor
allem die mit ihnen verbundenen Denkweisen werden von neueren nicht abgelöst,
sondern sind in den neueren erhalten und finden sich weiterhin.

Landeskirchen als Organisationen in Entwicklung

Seit Entstehen der heutigen Landeskirchen am Beginn des 19. Jahrhunderts lassen sich drei Strukturmodelle ausmachen: Nach einer personalgemeindlichen Phase entwickelte sich das bis heute prägende, neue Parochialmodell, das in der Kirchenreform der 1960er Jahre in das Differenzierungsmodell überging.[1]

Das neue Parochialmodell

Das neue Parochialmodell entwickelte sich langsam seit Mitte, verstärkt im letzten Drittel des 19. Jahrhunderts.

Als im frühen 18. Jahrhundert die Bevölkerung zu wachsen begann und die Industrialisierung zur Verstädterung führte, wuchsen städtische Kirchengemeinden häufig auf zehntausende Menschen an. Die Landeskirchen reagierten mit der Entwicklung einer neuen Form der Parochie, die überschaubar sein und so in konfessionell zunehmend durchmischten Territorien die Bildung einer Gemeinde als evangelischem Ortsverein ermöglichen sollte.

Die Leitidee des neuen Parochialmodells lautet: Flächendeckende Erfassung und Vergemeinschaftung evangelischer Christen durch Verkleinerung von Massenparochien zu überschaubaren territorialen Einheiten mit fußnahem Kirchengebäude, mit dem Ziel der »selbsttätigen, lebendigen Gemeinde« zur christlichen Durchdringung der sich von der Kirche lösenden Gesellschaft. »Mehr Gemeinden, mehr Kirchen, mehr Pfarrer« hieß die Losung.

Welche Konstruktionsprinzipien prägen dieses Modell? Galt zuvor in den Städten der Grundsatz »eine Stadt – eine Gemeinde« und waren in größeren Städten an der zentralen Stadtkirche oft mehrere Pfarrer tätig, unter denen die Gemeindeglieder bei Amtshandlungen oder Gottesdiensten nach persönlichem Gusto auswählten, so war es ein tragendes Bauprinzip des neuen Kirchenmodells, die Städte in kleine Parochien aufzuteilen und jeder Parochie »ihren« Pfarrer zuzuordnen. Nach dem Grundsatz »ein Pfarrer – eine Gemeinde« brauchte man nun einen »Entlassschein«, wollte man einen anderen Pfarrer in Anspruch nehmen. Jeder Pfarrer war allein an seine Gemeinde gewiesen. Jede Gemeinde sollte alles bieten, und deshalb sollte auch jede Gemeinde alles für sich haben: eine Kirche, einen Pfarrer, ein Gemeindehaus.

Wegen der hohen Kosten dieses Programms und der beiden Weltkriege stockte die Umsetzung. Als nach dem Zweiten Weltkrieg die Mitgliederzahlen durch 12 Millionen Flüchtlinge und Vertriebene sowie die hohe Geburtenrate steil anstiegen, schlug die Stunde des neuen Kirchenkonzepts: Auf dem Land wurden Filialgemeinden, in den Städten die Seelsorgebezirke zu eigenständigen Parochien mit dem vollen »parochialen Bauprogramm« Kirche, Pfarrhaus, Gemeindehaus, Kindergarten – finanziell nur möglich durch die exponentiell steigenden Kirchensteuereinnahmen qua

---

1 Zu weiteren Modellen, die den hier skizzierten vorausgehen, sowie zum Ganzen vgl. Schramm, Kirche als Organisation gestalten, 117–396.

Wirtschaftswunder. Die zentrale Innovation dieses Gemeindekonzepts waren die Gemeindehäuser, von denen zwischen 1950 und 1980 in der EKD über 5500 eröffnet wurden (alle 1,9 Tage eins!). Spielte sich zuvor kirchliches Leben sonntagsmorgens im Gottesdienst ab, so sollte jetzt als »das Neue, das anzubahnen ist«[2] die Gemeinde während der Woche in Gruppen und Kreisen im Gemeindehaus in Kontakt miteinander kommen. Die Parochie wird von der kirchlichen Ortsgemeinde zum Ort der Gemeinde*bildung* durch eine Intensivierung der persönlichen Beziehungen der Christen untereinander und mit ihrem Pfarrer.

Kirchengemeinden wie wir sie heute kennen, entstehen erst seit dem Kaiserreich in einem Prozess, der unsere Kirchenverfassungen und unser Kirchenverständnis bis heute prägt.

Das Differenzierungsmodell

Nachdem im 19. Jahrhundert bereits außerhalb der Landeskirchen ein differenziertes kirchliches Vereinswesen entstanden war, bildete sich seit den 1950er Jahren das *Differenzierungsmodell* landeskirchlicher Organisation aus. Seit Ende der 1940er Jahre nahmen die Landeskirchen gesellschaftliche Veränderungen wahr: die konfessionelle Homogenität vieler Gebiete löste sich ebenso auf wie die Wohn-, Lebens- und Arbeitsgemeinschaft der Dörfer. Bislang in der Gemeinschaft der Dörfer arbeitende und lebende Menschen pendeln nun zur Arbeit in städtische Zentren. Wohn- und Arbeitsort treten auseinander. Mobilität und Wohlstand wachsen, Freizeit entsteht, aus dem Sonntag wird das »Wochenende«, die Gesellschaft differenziert sich aus.

Um Kontakt und Kommunikation mit möglichst vielen gesellschaftlichen Gruppen zu ermöglichen, bauen die Landeskirchen die gesellschaftliche Differenzierung innerkirchlich nach. Die Leitidee lautet: Flächendeckende Versorgung und Ermöglichung von Kontakt qua Ergänzung der Parochien durch funktionale Dienste und kirchliche Werke, um Menschen zu erreichen, die von den Parochien nicht mehr erreicht werden.

Neben die Parochien treten nun Pfarrstellen mit besonderem Auftrag sowie zahlreiche Einrichtungen auf kirchenbezirklicher und landeskirchlicher Ebene, die die Kirchenmitglieder an anderen Orten als der Parochie erreichen sollen. Der Schwerpunkt der neuen kirchlichen Strukturen liegt in den durch Kommunikation geprägten Bereichen Seelsorge und Bildung. Individuelle Seelsorge wurde professionalisiert und ergänzt durch Krankenhausseelsorge und Beratungsangebote. Am stärksten wuchs die kirchliche Präsenz im öffentlichen Schulwesen durch Pfarrer, die das Fach Religion unterrichten.

Funktionale Stellen sichern Kontakt und Kommunikation mit speziellen Zielgruppen wie z. B. Polizisten oder Betriebsräten. Sie ermöglichen als spezialisierte Fachdienste die Teilnahme der Landeskirchen am jeweiligen gesellschaftlichen Diskurs.

---

2   Sulze, Die evangelische Gemeinde, 108.

Nur durch sie ist die Kommunikation mit anderen gesellschaftlichen Organisationen auf Augenhöhe möglich.

Um die wahrgenommene Kontaktlücke zwischen Kirche und Gesellschaft zu über-brücken wurde der kirchliche Dienst für Angehörige anderer Berufsgruppen geöffnet, vor allem Sozialarbeiter und -pädagogen. Ohne diese Mitarbeitenden gäbe es keine Jugendzentralen und Gemeindepädagogischen Dienste.

Für die Pfarrer in den Parochien bedeutete dieses neue Kirchenmodell eine Explo-sion ihrer Aufgaben. Nicht nur, dass die sog. Laien im Sinne einer Demokratisierung nun in der Gemeindeleitung mehr Mitwirkungsmöglichkeiten bekamen und viele Kirchenvorstände Unterausschüsse bildeten, in denen die Anwesenheit des Pfarrers erwartet wurde, auch die Gemeindearbeit nahm zu. Denn zu den Konstruktionsprin-zipien des Parochialmodells – ein Pfarrer, eine Gemeinde; jede Gemeinde macht al-les – kamen die Gestaltungsmaximen des Differenzierungsmodells hinzu. Was man zunächst auf landeskirchlicher und kirchenbezirklicher Ebene angestrebt hatte – mög-lichst vielen »Zielgruppen« »Angebote« zu machen –, das wurde nun auch auf ge-meindlicher Ebene realisiert durch eine »funktionale Gliederung der Kirchenge-meinde«, wie Wolfgang Lück 1978 vorschlug. Die »Angebotspalette«, so die EKD-Studie »Christsein gestalten« von 1986, sollte ausgeweitet werden, mehr und mehr Gruppen und Kreise neu entstehen und die Anzahl der ehrenamtlich Mitarbeitenden wachsen – nach dem Muster »je mehr desto besser«.[3]

In der Differenzierungsphase, die in den 1990er Jahren ihren Kulminationspunkt er-reichte, wirken die Leitlinien des Parochial- und des Differenzierungsmodells gleichzei-tig: Obwohl seit 1968 die Mitgliederzahlen sinken, steigt bis 1991 EKD-weit die Zahl rechtlich eigenständiger Parochien. Obwohl seit Mitte der 1970er Jahre die Kaufkraft der Landeskirchen nur noch moderat wächst, werden Zielgruppen und Themen weiter nach dem Additionsprinzip »neue Aufgabe/Zielgruppe – neue Stelle« bearbeitet und auf diese Weise gesellschaftliche Differenzierung binnenkirchlich abgebildet – personell ermög-licht durch die geburtenstarken Jahrgänge, die nun in den kirchlichen Dienst eintraten und zu einer beachtlichen Zunahme der Mitarbeiterschaft führten.

Nach dem Boom

Die Notwendigkeit einer Weiterentwicklung des Differenzierungsmodells ergibt sich aus *veränderten äußeren und inneren Bedingungen*.

Der ungeheure Ausbau des Parochialmodells zwischen 1950 und 1975, aber auch die beispiellose Ausweitung kirchlicher Aktivitäten im Differenzierungsmodell wur-den von dem großen wirtschaftlichen Boom getragen, der in Deutschland nach der Währungsreform 1948 einsetzte und bis zu den Ölkrisen Mitte der 1970er Jahre an-hielt. Sowohl das Parochial- als auch das Differenzierungsmodell entstanden unter Bedingungen, die durch Zuwächse geprägt waren: mehr Kirchenmitglieder, mehr Fi-nanzkraft, mehr haupt- und ehrenamtlich Mitarbeitende.

---

3   Näheres zu diesem Modell in Kapitel 5, S. 57ff.

Dieser Trend der *inneren Rahmenbedingungen* hat sich seit 1970 schrittweise umgekehrt: Seit 1968 sind die Mitgliederzahlen der Evangelischen Landeskirchen bereits
um rund ein Drittel gesunken und werden demographisch bedingt noch Jahrzehnte
weiter sinken. Waren bereits seit Mitte der 1970er Jahre die Kaufkraftzugewinne
durch gestiegene Kirchensteuereinnahmen niedriger als das allgemeine Wohlstands-
wachstum, so verzeichnen die meisten Landeskirchen seit 1992/93 trotz nomineller
Zuwächse einen deutlichen Rückgang an Finanzkraft. Der anhaltende Mitgliederrückgang wird zu weiteren Kaufkraftverlusten führen. Und in den 2020er Jahren treten
die geburtenstarken Jahrgänge in den Ruhestand ein, die je nach Landeskirche etwa
die Hälfte bis zwei Drittel der Pfarrerschaft ausmachen. Die Zahl der Pfarrerinnen
und Pfarrer im aktiven Dienst wird sich drastisch reduzieren.

Doch auch die gesellschaftlichen, politischen, wirtschaftlichen und wissenschaftlich-technischen Kontexte haben sich seit ca. 1970 nicht nur graduell, sondern qualitativ verändert. Am Beginn des 21. Jahrhunderts sehen sich die Landeskirchen grundlegend veränderten *äußeren Bedingungen* gegenüber:[4]

- Nach einer Phase starker kultureller Kontinuitäten von den 1870er bis in die 1950er
  Jahre ändert sich die soziokulturelle Lage nach 1970 qualitativ: Die kulturelle und religiöse Differenzierung findet nun nicht mehr auf der Ebene sozialer Großverbände,
  sondern auf der Ebene der Individuen statt. Mit der Individualisierung geht eine Be-
  tonung von Subjektivität einher. Versuchte das Parochialmodell Menschen in eine
  kirchliche Sozialform zu integrieren, integrieren nun Menschen in freier Wahl Parochialgemeinden resp. Religion in ihr Lebensmodell – oder auch nicht.
- Welt- und Lebensdeutung, Hilfe in Lebenskrisen und Einsatz für Gerechtigkeit
  werden zunehmend auch von nichtkirchlichen, häufig kommerziellen und spezialisierten Organisationen angeboten (Markt- und Konkurrenzsituation).
- Die Landeskirchen finden sich seit 1970, verstärkt seit 1990 in einer multireligiösen
  Gesellschaft mit einem hohen Anteil von Menschen ohne formelle Kirchen- oder
  Religionszugehörigkeit vor.
- Die wissenschaftlich-technische Dynamik nimmt zu und befördert tiefgreifende
  gesellschaftliche Veränderungen mit nicht absehbaren Folgen.
- Wirtschaftlich werden Europa und Deutschland gegenüber den Schwellenländern
  wahrscheinlich zurückfallen.
- Die weitergehende gesellschaftliche Differenzierung ist unübersehbar.

Die *paradigmatisch veränderten Rahmenbedingungen* für die Landeskirchen als Organisationen lassen sich knapp zusammenfassen:

- Gestiegene Eigenkomplexität durch Arbeitsteilung und Spezialisierung.
- Gestiegene Umweltkomplexität durch Individualisierung, Pluralisierung, Globali-
  sierung.[5]

---

4 Vgl. Schramm, Kirche als Organisation, 397–422.
5 Zum Begriff Komplexität vgl. letztes Kapitel, S. 139f.

- Gestiegene Umweltdynamik durch wissenschaftlich-technischen, wirtschaftlichen, gesellschaftlichen und politischen Wandel.
- Marktsituation.
- Für lange Zeit nicht aufzuhaltender Mitgliederrückgang.
- Verknappung der Ressource Kaufkraft.
- Verknappung der »Ressource« hauptamtliche Mitarbeitende.

Wie mit dieser neuen Situation umgehen?

Erneuerung, nicht Optimierung

Die Landeskirchen haben bis in die 1990er Jahre hinein die Veränderungen seit 1970 durch weitergehende funktionale Differenzierung aufzufangen versucht und sind dabei im Wesentlichen Denk- und Handlungsmustern treu geblieben, die sie in den 1950er und 1960er Jahren entwickelt und unter den Bedingungen von mehr Geld, mehr Gebäuden, mehr Mitgliedern, mehr Personal realisiert haben.

Dies war nur möglich, weil sich die finanzielle und personelle Basis der Landeskirchen bis in die 1990er Jahre hinein verbreiterte. Die Veränderung der gesellschaftlichen Rahmenbedingungen und die Akzeptanzverluste seit ca. 1970 wurden zwar beklagt und als »Säkularisierung« und »Traditionsabbruch« gewertet, führten jedoch nicht zu einem Strategiewechsel. Vielmehr verstärkte man die Bemühungen im Sinne des Differenzierungsmodells.

Angesichts des paradigmatischen Wandels ihrer organisationalen Rahmenbedingungen haben die Landeskirchen hinsichtlich ihrer strukturellen Gestaltung folgende Möglichkeiten: erstens einen Rückfall in die parochiale Phase, zweitens einen Rückbau der parochialen und funktionalen Differenzierung, drittens eine Erneuerung.

Ein Rückfall in die parochiale Phase, d. h. Rückbau der funktionalen Stellen und Konzentration auf den Gemeindepfarrdienst, würde unter den zu erwartenden Bedingungen tendenziell die vom Parochialmodell beabsichtigte Bildung einer kirchlichen Gemeinschaft durch Intensivierung binnenparochialer Beziehungen konterkarieren, denn je mehr Gemeindeglieder ein Pfarrer zu betreuen hat bzw. je größer die Fläche seines Zuständigkeitsterritoriums ist, desto schwieriger wird es, persönliche Kontakte zu vielen Gemeindegliedern zu unterhalten, dem konzeptionellen Kern des Parochialmodells. Diese Option entspricht darüber hinaus auch nicht den gesellschaftlichen Gegebenheiten und mindert die Fähigkeit der Landeskirchen, das Evangelium im zivilgesellschaftlichen Diskurs und gegenüber anderen gesellschaftlichen Organisationen zu kommunizieren. Sie wird auch der Pluralität der Mitgliedschaftsverhältnisse nicht gerecht.

Der Versuch, das Differenzierungsmodell fortzuführen, würde konkret bedeuten: Erhalt der funktionalen Ausdifferenzierung bei gleichzeitiger Ausdehnung der Arbeitsbereiche und Verdichtung der Arbeit (Gemeindepfarrer bekommen weitere Gemeinden dazu, funktionalen Diensten werden Stellen gestrichen). Diese Option führt angesichts der Verknappung der Ressourcen Mitglieder, Geld und Personal zur Überdehnung der Strukturen, Überlastung der Mitarbeitenden, Überforderung der finanziellen Möglichkeiten und dadurch auch zu Qualitätsminderungen.

Deshalb ist es mit einer Optimierung bestehender Handlungsmuster aus der parochialen und der Differenzierungsphase nicht getan. Es bedarf einer Erneuerung im Sinne einer Weiterentwicklung kirchengestaltender Maximen.

Als Organisationen bauen Landeskirchen und Bistümer seit langem zurück und werden dies weiterhin tun müssen. Als Handlungsgemeinschaften haben sie viele Möglichkeiten – vorausgesetzt, sie entwickeln sich als Organisationen weiter.

Von der Differenzierungs- in die Integrationsphase

Die finanziellen und personellen Ressourcen werden ebenso sinken wie die Gemeindegliederzahlen. Die Landeskirchen und Bistümer werden aber noch für geraume Zeit über differenzierte Berufsrollen und spezialisierte Kenntnisse verfügen. Es stellt sich die Frage: wie können sie die Vorzüge der Differenzierung bei rückläufigen Ressourcen erhalten und im Sinne ihres Auftrages gestalten?

Folgte die bisherige landeskirchliche Selbstgestaltung dem Ziel der Intensivierung von Kommunikation durch Nachbau gesellschaftlicher Differenzierung qua Additionsprinzip, so dürften künftig die *Prinzipien der Integration und Assoziation* weiterführen.

Als *SOLL-Konzept* bietet sich ein Netzwerkmodell an, das durch Integration der differenzierten Strukturen entwickelt werden kann. Standen bislang Parochien (unverbunden) neben anderen Parochien und die Parochien insgesamt (unverbunden) neben den Diensten, so geht es jetzt darum, ein Netzwerk der Kommunikation und Praxis des Evangeliums zu knüpfen, in dem Parochien und Dienste sich wechselseitig stärken, ergänzen und durch Kooperation Neues ermöglichen. Die Entwicklung geht *von der Versäulung zur Vernetzung* (Integration durch Strukturen: Vernetzung).

Statt unverbunden nebeneinanderher zielgruppenspezifische »Angebote« zu entwickeln, sind gemeinsam entwickelte *lebenswelt- und auftragsorientierte Konzepte* angezeigt (Integration durch Aktivitäten: Programme und Konzepte).

Gab es bisher eine Kultur des Nebeneinanderher und der Abgrenzung, wird es zukünftig um *konzeptgesteuerte Zusammenarbeit* gehen, wenn weiterhin differenzierte kirchliche Arbeit möglich sein soll (Integration durch Verhalten: Kooperation).

Vom Nachbau gesellschaftlicher Differenzierung als Leitidee sollten die Landeskirchen zum *Aufbau von Handlungs- und Selbstgestaltungsfähigkeit* voranschreiten, um in komplexen und dynamischen Kontexten mit lebenswelt- und auftragsorientierten Strategien und Konzepten im Sinne ihrer Bestimmung agieren zu können.

Viele Landeskirchen haben seit den 1990er Jahren vor allem bei funktionalen Diensten Stellen abgebaut und die Zuständigkeiten von Parochialpfarrerrinnen vergrößert. Dies führte zu eingeschränkter Handlungsfähigkeit, einer Überdehnung der parochialen Struktur und einer Überlastung der Stelleninhaber. Netzwerkbildung eröffnet neue Optionen.

3. Struktur:
Von der Versäulung zur Vernetzung

Kooperieren!
Das Neue wachsen lassen.

Die dritte Überlegung bedenkt, welche Möglichkeiten Kooperation und Vernetzung für kirchliches Leben und Handeln bieten. Denn dass die bisherigen Strukturen schon lange an ihre Grenzen stoßen und das Nebeneinanderher der Vergangenheit angehört, liegt auf der Hand. Welche Eigenschaften und Vorteile haben Netzwerke, welche Risiken und Nebenwirkungen? Welche Chancen bietet ein Netzwerk der Kommunikation und Praxis des Evangeliums? Und was würde es für Gemeinden, funktionale Dienste, Pfarrer und kirchliche Leitung bedeuten?

Gestaltungsprinzip kirchlichen Lebens ist zukünftig jedenfalls nicht mehr die Hierarchie (konsistorial) oder die Parochie (synodal-presbyterial), sondern der Zweck des Netzes: Menschen fischen (vgl. Mk 1,16-20; Mt 4, 18-22; Lk 5,1-11).

Für die Transformation gilt unbestreitbar: Es reicht nicht, nur die Strukturen zu verändern. Ebenso richtig ist aber: ohne Strukturveränderungen geht es auch nicht.

Im vorigen Abschnitt wurde deutlich, dass sich die Landeskirchen durch neue Stellen und Angebote und durch eine differenzierte Struktur zwar an die Ausdifferenzierung der Gesellschaft angepasst haben, dass für diese Struktur zukünftig aber nicht mehr genug Geld und Personal zur Verfügung steht.

Doch die funktional-differenzierte Struktur hat noch weitere Nachteile, die es auch dann zu überwinden gälte, wenn sie zukünftig noch finanzierbar wäre: die verschiedenen Stellen, Abteilungen, Körperschaften, also vor allem territoriale Organisationseinheiten wie Kirchengemeinden/Parochien und Kirchenbezirke auf der einen und funktionale Dienste wie Jugendzentralen, Diakoniestationen, Kirchenmusik auf der anderen Seite stehen wie Säulen unverbunden nebeneinander und arbeiten nach ihrer jeweiligen Eigenlogik. Das hat zur Folge, dass der Blick fürs Ganze häufig fehlt und die Kräfte zersplittern. Es kommt zu Kompetenzkonflikten aufgrund von Doppel- und Parallelstrukturen. Desintegration führt zu Motivationsverlusten und einer nur schwach ausgeprägten Identität. Der gravierendste Nachteil besteht darin, dass viele Möglichkeiten und Chancen ungenutzt bleiben.

Die Kooperation der bestehenden Körperschaften und Einrichtungen bietet jedoch nicht nur viele Chancen, wenn die Ressourcen geringer werden, sondern auch, wenn die Verhältnisse dynamisch und komplex sind und schnelle Reaktion sowie große Expertise brauchen.

Netzwerke

Auf dem Weg zu einem Netzwerk der Kommunikation und Praxis des Evangeliums ist es hilfreich sich klarzumachen, wovon eigentlich die Rede ist, wenn von Netzwerken gesprochen wird.

Primäre, sekundäre und tertiäre Netzwerke

Unterschieden werden natürliche und künstliche, sog. tertiäre Netzwerke. Natürliche Netzwerke können nochmals in primäre und sekundäre Netzwerke unterteilt werden.

Primäre Netzwerke bestehen aus den primären Beziehungen in Familie, Verwandtschaft, Freundes- oder Kollegenkreis. Sie haben informellen Charakter und sind nicht organisiert, aber von starken Bindungen und hoher zeitlicher Stabilität geprägt.

Sekundäre Netzwerke basieren auf Zugehörigkeit oder Mitgliedschaft. Nachbarschaftsnetze oder Selbsthilfekreise weisen einen geringeren, Vereine einen höheren Organisationsgrad auf. Sekundäre Netzwerke resultieren aus den Beziehungen zwischen den Akteuren und repräsentieren das zivilgesellschaftliche Sozialkapital im Sozialraum.

Künstliche, sog. tertiäre Netzwerke sind dadurch gekennzeichnet, dass hier Organisationen als professionelle Akteure agieren. Die Kooperationen sind entweder marktbasiert (z. B. bei Produktions- oder Unternehmensnetzen) oder gemeinnützig (z. B. bei Vernetzung sozialwirtschaftlicher, zivilgesellschaftlicher und öffentlicher Akteure). Tertiäre Netzwerke werden zur Infrastruktur, wenn sie zeitlich dauerhaft sind.

Es ist evident, dass in den *Partikularkirchen* sowohl primäre als auch sekundäre Netzwerke existieren. Entscheidend für die Landeskirchen und Bistümer ist der Schritt, *tertiäre* Netzwerke zu bilden – mit dem Ziel, den primären und sekundären Netzwerken der Glaubenden einen guten Rahmen zu bieten, ihrer Bestimmung gemäß zu handeln.

Kirchliche Netzwerkbildung ist dabei nach innen wie nach außen zu denken. Aufgrund der funktional-differenzierten Struktur der Landeskirchen mit als Körperschaften des öffentlichen Rechts verfassten Parochien und Kirchenbezirken sowie zahlreichen nachgeordneten Dienststellen mit hohen Eigenverantwortlichkeitsgraden, ist zunächst eine Vernetzung nach innen naheliegend (intraorganisational). Die Orientierung am Auftrag der Kirche bei gleichzeitiger Gewahrwerdung schwindender Ressourcen wird aber auch den Blick nach Außen lenken und die Frage nach möglichen Kooperationspartnern auf den unterschiedlichen Ebenen aufkommen lassen (interorganisational). In Teil II dieses Buches empfehlen wir deshalb, die innerkirchliche und die nichtkirchliche Umwelt ihrer Gemeinde oder ihres Dienstes einmal unter dem Gesichtspunkt zu betrachten, wer für Sie und ihr Anliegen ein guter Netzwerkpartner sein könnte (vgl. S. 104).

Dabei kann die Bindungsform zwischen Organisationen in Netzwerken unterschiedlich sein. Es gibt Kooperation artgleicher Organisationen, z. B. wenn Kirchengemeinden mit anderen Kirchengemeinden kooperieren. Und es gibt Kooperation artverschiedener Organisationen, die ihre Ressourcen komplementär nutzen. Zum

Beispiel, wenn eine Kirchengemeinde mit der Jugendzentrale und den Pfarrern im Schuldienst kooperiert, um ein neues Jugendarbeitskonzept auf den Weg zu bringen. Vielleicht sind auch das Jugendamt oder der kommunale Jugendarbeiter Kooperationspartner.

Unterschiedlich kann auch die Verbindlichkeit von Netzwerkkooperationen sein. Die Spannweite reicht von einer nichtschriftlichen Kooperation auf der Basis mündlicher Absprachen über schriftliche Vereinbarungen bis hin zu kapitalmäßiger Verflechtung.

Was Netzwerke für Kirche interessant macht, sind ihre Eigenschaften und deren potentiell positiven Effekte für die kirchliche Arbeit.

Eigenschaften von Netzwerkstrukturen

Netzwerkstrukturen zeichnen sich aus durch flache Hierarchien, eine hohe Selbständigkeit der einzelnen Organisationseinheiten und eine hohe Vielfalt lokal unterschiedlicher Organisationsformen. In ihrer Fähigkeit zur *Bewältigung von Komplexität und Dynamik* sind sie anderen Organisationsformen weit überlegen. Ihnen liegt der Gedanke zu Grunde, durch Kommunikation und Zusammenarbeit mit anderen Organisationen die eigene Zielerreichung resp. Auftragserfüllung zu maximieren.

Netzwerkbildung verspricht, mit geringeren Mitteln *eine zunehmende Vielfalt sich rasch ändernder Aufgaben* besser bewältigen zu können. Sie zielt darauf ab, dass die Organisation beweglich bleibt und sich schneller an Veränderungen anpassen, sich auflösen oder neu bilden kann. Netzwerke sind fluide und anpassungsfähig.

Gemeinsam stärker

Netzwerkkooperation bietet Chancen und Vorteile:

- Kooperation senkt die Kosten, z. B. wenn etwas angeschafft, gedruckt, produziert werden muss.
- Es kommen mehr Kompetenzen und mehr Know-How zusammen.
- Die Qualität der Leistungen steigt.
- Kooperationen sind innovativ. Durch gemeinsames Nachdenken und das Zusammenspiel anderer Personen und Kompetenzen entstehen neue Handlungsformate, Ansätze und Produkte.
- Die Kommunikationsbeziehungen und Netzwerke der Partner ergänzen sich bei der Informationsbeschaffung ebenso wie bei der Kommunikation neuer Konzepte und Teilhabemöglichkeiten.
- Die Position der Kooperationspartner wird gestärkt.
- Das Risiko des Einzelnen reduziert sich.
- Die Bündelung der Kräfte erweitert die Handlungsspielräume und ermöglicht die Realisierung von Projekten, die für die einzelnen Netzwerkpartner zu aufwändig wären.

Kirchliche Netzwerke

Über die genannten Chancen hinaus sind Netzwerke für die kirchliche Arbeit auch aufgrund folgender Überlegungen interessant:

Die Entwicklung von Netzwerken knüpft an bestehende Strukturen an und verbindet sie miteinander. Sie erfindet nicht alles neu. Vielmehr ist die Kooperation das Neue. Das dadurch entstehende neue Ganze ist mehr als die Summe seiner Teile. Es hat andere Eigenschaften als seine Einzelteile. Es ist komplexer und kann deshalb auch mehr Umweltkomplexität verarbeiten.

Netzwerke verfolgen nach Außen gerichtete Absichten. Sie agieren an der System-Umwelt-Schnittstelle und geben nicht nur formellen Mitgliedern und Mitarbeitenden, sondern auch Betroffenen und Interessierten die Möglichkeit zum Andocken. In der Arbeit an gemeinsamen Interessen entstehen neue Beziehungen und geteiltes Leben. Dabei müssen Netzwerke nicht kurzlebig sein, im Gegenteil. Leben sie aber länger, gehen sie in formalisierte Organisation über.

Am Ende der Differenzierungsphase werden viele »Angebote« vorgehalten, die auf nur noch geringe Resonanz stoßen und Leerlauf verursachen. Netzwerkkooperationen kommen im Gegensatz dazu nur zustande, wenn genügend Menschen und professionelle Akteure von der Sinnhaftigkeit eines Tuns überzeugt sind, wenn es gemeinsame Interessen gibt und eine Idee, die zündet. Ohne die Lust, Neues zu entwickeln oder Sinnhaftes weiter zu tragen, zerfallen Netzwerke. Das heißt umgekehrt: Hier wird getan, wozu Motivation vorhanden ist und was Freude macht.

Das heißt aber auch: zur Erledigung von Standardaufgaben wie Verwaltung etc. braucht es die formale Organisation. Deren vornehmste Aufgabe besteht darin, motivationsbasierte Netzwerke vor Ort zu ermöglichen. Dass dies funktioniert, sieht man daran, dass viele Netzwerke von Hauptamtlichen, also Vertretern professioneller organisationaler Akteure, initiiert wurden und werden.

Intra- und interorganisationale Netzwerke können auf vielfältige Weise die Kooperation ihrer Mitglieder unterstützen:

- Beim Initiieren von Kooperationen: durch Info-Veranstaltungen, Zukunfts-Work-Shops, Fort- und Weiterbildungen.
- Beim Aufbau von Kooperationen: durch Finanzierung, Prozessbegleitung, Informationsbeschaffung.
- In der Arbeitsphase: durch Qualifizierung und Fachberatung.

Diese Unterstützung zu leisten ist ihre Aufgabe, an der man sie auch messen kann: unterstützen Pfarrämter, Dienste, Dekanate und die partikularkirchlichen Zentralbehörden die Netzwerke vor Ort?

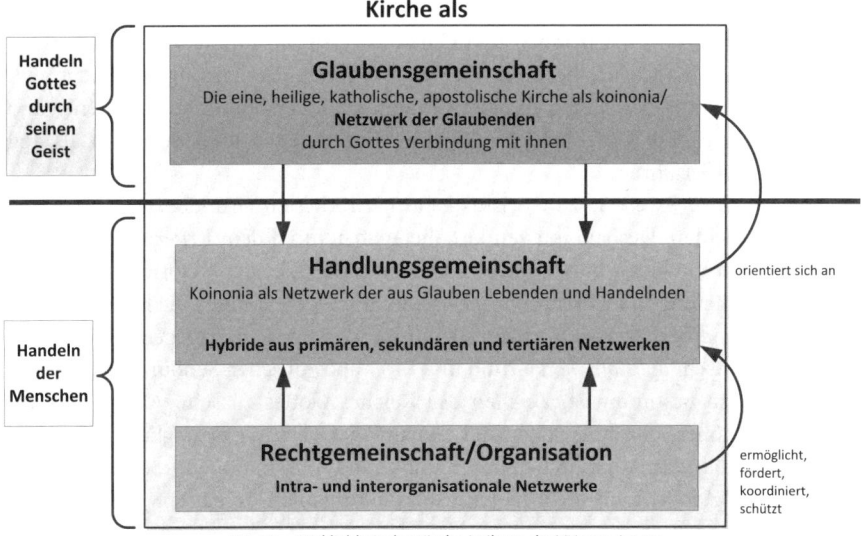

Abb. 3: Netzwerkkirche im dreifachen Kirchenbegriff

Kirche als Netzwerk in theologischer Perspektive

Über die genannten praktischen Aspekte hinaus gibt es aber auch theologische Gründe, die für kirchliche Selbstorganisation in Netzwerken sprechen:

Hat sich die von den Gläubigen zu verantwortende Kirche als Handlungsgemeinschaft an der durch Gott geschaffenen Kirche als Glaubensgemeinschaft zu orientieren, dann ist zu fragen: Entsprechen Netzwerkstrukturen dem unverfügbaren, worterschließenden Wirken des Heiligen Geistes im Menschen, aus dem die Kirche als Glaubensgemeinschaft entsteht?

Netzwerke entstehen häufig erst aus der Wahrnehmung von Handlungsnotwendigkeiten im Sinne von Grund und Bestimmung von Kirche vor Ort und dienen der horizontalen Kooperation im Sinne einer Ermöglichung symbolwirksamen Handelns. Sie entsprechen insofern dem Gedanken der Leitung der Kirche durch den Geist als sie Raum lassen zu geistgewirktem Handeln der Menschen vor Ort.

Entsprechen Netzwerkstrukturen den Kriterien der Einheit, Heiligkeit, Apostolizität und Katholizität? Netzwerkstrukturen entsprechen dem *Kriterium der einen Kirche* in besonderem Maße, weil sie die bisher nebeneinanderstehenden Parochien in Kontakt miteinander bringen – nicht nur in konziliarer, entscheidungsorientierter, sondern auch in kooperativer, handlungs- und wirkungsorientierter Weise; und nicht nur die Parochien, sondern auch andere Organisationseinheiten der eigenen Kirche, anderer Konfessionen oder nichtkonfessioneller Akteure.

Kirchliche Vernetzung macht mit der geglaubten Einheit der Kirche stärker ernst und symbolisiert sie eher als die parochiale oder funktional-differenzierte Organisation. Dass die Gemeinschaft der Glaubenden nicht an der Grenze der Parochie endet, zeigt sich in der Vernetzung besser als im strengen Parochialprinzip. Dass sie auch

Kontakte unter den Gläubigen besser fördert, wird umso wichtiger je weniger Menschen sich vor Ort als Christinnen und Christen verstehen und je weniger Christinnen und Christen auf einer bestimmten Fläche wohnen. Vernetzung entspricht aber auch dem Charakter der Kirche als einer Gemeinschaft versöhnter Verschiedener und sie ermöglicht es, die verschiedenen Organisationseinheiten und Menschen als Teil einer Kirche zu erfahren.[1]

Kirche ist *heilig*, weil sie zu Christus gehört. An diesem Grundbezug hat sie sich je neu auszurichten. Deshalb müssen kirchliche Strukturen dem *Kriterium des Dienstes an Wort und Mensch* entsprechen, das auch Kriterium der Reformierbarkeit im Sinne der Vertiefung des Christusbezuges genannt werden könnte. Die hohe Flexibilität und Korrigierbarkeit von Netzwerkstrukturen kommt dem entgegen.

Kirche ist ihrem *apostolischen* Grund und ihrer apostolischen Sendung verpflichtet, indem sie dazu bestimmt ist, Zeichen des Reiches Gottes zu sein. Aufgrund ihrer Fähigkeit zu höherer Komplexitäts- und Dynamikverarbeitung ermöglicht Netzwerkorganisation den Partikularkirchen Handlungs- und Wirkoptionen, die sie ohne Integration und Kooperation nicht hätten. Netzwerkorganisation hat ein großes Potential für orts-, personen- und situationsspezifisches Handeln in symbolkräftigen Formen.

Kirche hat die *Bestimmung, Zeichen des Reiches Gottes* zu sein. Sie ist an ihre jeweiligen Lebenswelten gewiesen und ihrem Auftrag verpflichtet. Während das parochiale Strukturkonzept nicht nur im Blick auf jeweils andere Parochien, sondern auch innerhalb einer Parochie die Fixierung auf den eigenen Binnenraum befördert, ist das *Kriterium der Lebensweltbezogenheit* für Netzwerkstrukturen konstitutiv. Netzwerke werden gebildet, um Wirkungen in einem konkreten lokalen Kontext zu erzielen.

Wird das Netzwerk verstanden als eine Organisationsform, die die Weltbezogenheit kirchlicher Organisation und der Kirche als Handlungsgemeinschaft ermöglichen soll und deshalb zu einer lebensweltlichen, nicht nur innerkirchlichen Vernetzung tendiert, dann fordert sie die Ausbildung je orts- und situationsspezifischer Ekklesiologien heraus, in denen die Rückbindung an Grund, Wesen und Bestimmung der Kirche formuliert, d. h. die *Auftragsorientierung* aktualisiert wird.

Dass Netzwerkkooperation nicht zwangsweise geschieht, sondern die Vernetzung der Akteure durch deren Sinn- und Wertorientierung gesteuert wird bedeutet: für die Auswahl von Partnern und die Ausgestaltung der Kooperation wird der für kirchliches Handeln konstitutive Rückbezug auf ihren Grund, ihr Wesen und ihre Bestimmung ausschlaggebend sein.

Eine Kirche, die sich als Netzwerk strukturiert, weiß um die Legitimität unterschiedlicher Formen sozialer Gestaltwerdung. Sie lässt unterschiedliche Formen von Gemeinde zu und ermöglicht qua Netzwerkprinzip unterschiedliche Grade und Formen der Beteiligung sowie von Nähe und Distanz.

---

1 Herbert Lindner schreibt: »In einem geschwisterlichen ›Netzwerk der Verschiedenen‹ sind ihre Mitglieder symbolisch und real verbunden.« Lindner, Gemeinde: Kirche am Ort, 126.

Der Netzwerkgedanke impliziert Schwerpunktbildung, Situations- und Mitgliederbezogenheit und gibt so unterschiedlichen Interessen, Frömmigkeitsstilen und Milieus die Möglichkeiten zum »Andocken« und Mitwirken.

Risiken von Netzwerkkooperation

Wie jede Organisationsform birgt auch die Netzwerkorganisation spezifische Risiken. Nachteilig kann der vermehrte Koordinations- und Kommunikationsaufwand sein, der vor allem in der Anfangsphase nötig ist. Mangelhafte Absprachen können zur Mehrfachausführung von Aktivitäten und Mehrfacherfassung von Informationen führen. Der Aufwand verringert sich allerdings bei Wiederholungsprojekten, wenn sich Rollen und Routinen eingespielt haben. Wechseln die Kooperationspartner zu schnell, erhöht sich der Kommunikations- und Koordinationsaufwand womöglich und wird zur Belastung. Zielt ein Partner auf den eigenen kurzfristigen Nutzen statt auf gemeinsame langfristige Interessen, wirkt sich dies negativ aus.

Gewöhnungsbedürftig ist auch, dass man sich Erfolge mit anderen teilen muss. Wer jedoch seine eigenen Stärken kennt, kann mit der typischen Sorge umgehen, die eigene Unabhängigkeit werde gefährdet, weil man nur noch als »Partner von« wahrgenommen wird, oder der Kooperationspartner könne größere Vorteile aus der Kooperation ziehen als man selbst.

Deshalb ist es auch wichtig sich darüber klar zu werden, für welches Anliegen bzw. in welchen Bereichen man zur Kooperation bereit ist und welche Kompetenzen man dafür zur Verfügung stellen und teilen möchte.

Es besteht keine Notwendigkeit, mit allen bei allem zu kooperieren. Es ist möglich, in der Konfirmandenarbeit eine Kooperation einzugehen (z. B. weil die Konfirmandenzahlen zu niedrig sind), aber die Seniorenarbeit oder den Chor weiterhin alleine zu betreiben – und trotzdem bei manchen Chorprojekten mit anderen Chören oder dem Bezirkskantor und vielleicht auch nichtkirchlichen Musikern und Bands und der Konfirmandenarbeit – z. B. bei Musiktheatern in der Passionszeit oder bei Weihnachts- oder Passionsspielen – zusammenzuarbeiten, um mehr Ressourcen und Kreativität zu generieren.

Parochien und Dienste im Netzwerk

In der Integrationsphase, im Netzwerk der Kommunikation und Praxis des Evangeliums, nehmen Gemeinden Abschied von der Idee des Parochialmodells, »Vollversorger« sein zu müssen. Sie tun das, wozu sie motiviert sind, was sie können und was bei Ihnen vor Ort nötig ist (vgl. Kapitel 5). Sie entwickeln neue Aktivitäten, aber sie beenden auch bisherige. Vor Ort wird getan, was vor Ort zu tun Sinn macht. Was gemeinsam mit anderen besser geht oder was nur gemeinsam geht, wird gemeinsam getan.

Im Integralmodell können Parochien Orte mit einem besonderen Schwerpunkt über die eigenen Parochialgrenzen hinaus werden. Sie werden dann von lokalen Versorgungskirchen zu lebenswelt- und bedarfsorientierten *Wort- und Wirkzentren* (Alfred Jäger) und sind als solche Teil eines Netzwerks von Parochien, funktionalen Diensten und Einrichtungen.

Gemeindeglieder wissen, dass es nicht nur erlaubt, sondern erwünscht ist, sich auch andernorts kirchlich zu engagieren oder an Aktivitäten teilzunehmen. Parochien sind nicht verantwortlich für ein »Angebot« für alle, die auf ihrem Territorium wohnen, sondern dafür, dass alle, die auf ihrem Territorium wohnen, adäquate Möglichkeiten der Teilhabe und Teilgabe am Verkündigungs-, Bildungs-, Hilfe- und Gerechtigkeitshandeln der Kirche haben. Sie sind insofern Anwälte ihrer Gemeindeglieder und haben gleichzeitig die Aufgabe, Möglichkeiten der Teilhabe und Teilgabe an Kommunikation und Praxis des Evangeliums mit anderen Parochien und Diensten zusammen mit ihren Gemeindegliedern zu entwickeln und zu kommunizieren.

Für funktionale Dienste heißt das: sie sind stärker als an ihrer speziellen Funktion an der Frage interessiert, was sie zur Entwicklung der Netzwerke beitragen, wie sie sie fördern und stärken können.

In der Integrationsphase fragen sich Pfarrerinnen, Presbyter und Dienste deshalb: Was geht nur gemeinsam? Was geht gemeinsam besser? Was bleibt besser getrennt? Gefragt wird aber auch: Was, welche Aufgabe kann einer bzw. eine kleine Gruppe für mehrere Gemeinden übernehmen?

Zusammenarbeit ist kein Wert an sich. Sie ist attraktiv, wenn sie den Dienst effizienter regelt, Doppelungen vermeidet, die Qualität verbessert und auch entlastende Funktion hat. Dies geschieht durch Arbeitsteilung.

Von der Allzuständigkeit zur arbeitsteiligen Kooperation

Arbeitsteilige Kooperation bietet Pfarrerinnen die Möglichkeit, klare Zuständigkeit für eine Gemeinde mit der Bildung von Schwerpunkten zu verbinden, die sich an Begabungen und erworbenen Kompetenzen und ebenso am Bedarf orientieren.

Gestiegene Qualitätsanforderungen und Konkurrenz machen höhere Professionalität nötig. Ein Konfirmandenunterricht, bei dem kurz vor der Stunde noch schnell kopierte Arbeitsblätter ausgeteilt werden – weil vom einen Pfarrer so vieles zu erledigen ist – trägt dazu bei, dass sich heute weniger Jugendliche konfirmieren lassen als getauft worden sind.

Werden Zeit, Kräfte und Kompetenzen von Pfarrerinnen durch Teilspezialisierung und Kooperation gebündelt, steigen die Qualität der Arbeit und die Arbeitsfreude, und ebenso die Reaktionsfähigkeit bei Veränderungen und die Möglichkeit, auf unterschiedliche Interessen, Erwartungen und Bedürfnisse der Menschen einzugehen.

Der Reform-Kirchenkreis Wittstock-Ruppin der Evangelischen Kirche Berlin-Brandenburg-schlesische Oberlausitz, unterscheidet orts- und aufgabenbezogene Dienste. Zum ortsbezogenen Dienst gehören Gottesdienste, Kasualien, Seelsorge, Verwaltung – nicht aber Jugendarbeit, Konfirmandenarbeit, Kirchenmusik etc. Diese aufgabenbezogenen Dienste werden nicht mehr wie bisher von jedem Pfarrer wahrgenommen, sondern nur noch von wenigen, die dafür einen besonderen Auftrag haben – und meist auch besonders motiviert, begabt und qualifiziert sind. Für eine solche Art des Personaleinsatzes braucht der Kirchenbezirk die Möglichkeit, den Personaleinsatz anders als bisher planen zu können. Eine Zuweisung der Pfarrerinnen an den Kirchenbezirk statt an die Einzelgemeinde ist dafür die rechtlich-strukturelle Voraussetzung. Auch der Kirchenkreis Lüchow-Dannenberg erprobt dies seit 2017.

Konzeptentwicklung in regionaler Vernetzung

Vernetzung bedeutet, die Arbeitsprozesse zu verändern. Für die Differenzierungsphase war die Frage bezeichnend »Wer ist für was zuständig, wer hat welche Funktion?« In einer Kirche, die sich zu einem Netzwerk der Kommunikation und Praxis des Evangeliums entwickeln will, erfolgt die Integration der desintegrierten Struktur durch *konzeptgesteuerte Zusammenarbeit*. Die zentrale Frage lautet: Wer kann wie zur Entwicklung und Umsetzung integrierter Konzepte beitragen?

Nicht die Frage »wie könnt Ihr als Krankenhauspfarrer, Schulpfarrer, funktionale Dienste Euch in die Organisationsform Parochie (zu deren Verlebendigung) einbringen« ist reintegrierend und theologisch angemessen, sondern die Frage: »wie könnt ihr mit Euren spezifischen Kompetenzen, euren spezifischen Einsatz- und Erfahrungsfeldern, euren spezifischen Beziehungen zu Kirchengliedern und euren spezifischen Kontakten zur Entwicklung und Realisierung integrierter Konzepte beitragen?«

Diese Frage öffnet die Wahrnehmung und lässt erkennen: es gibt inner- und außerhalb unserer Kirchen viele, mit denen wir uns zusammentun und gemeinsam annehmen können, was ansteht: Gemeindepfarrer, Schulpfarrerinnen, Krankenhauspfarrer, Jugendreferentinnen, Gemeindediakone, Seelsorgedienste, Kirchenmusiker, Beratungsstellen, diakonische Einrichtungen, Kindertagesstätten, Sozialstationen, Verwaltungsämter, Ehrenamtliche.

Konzeptentwicklung ist grundsätzlich auf allen Ebenen partikularkirchlicher Organisation nötig und möglich. Konzepte stellen mittelfristige Versuche der Ermöglichung kirchlichen Handelns dar. Grundsätzlich bietet sich die Entwicklung eines Konzepts Gottesdienst und geistliches Leben, eines Hilfe-, Gerechtigkeits- und Bildungskonzepts an, wobei diese Unterscheidungen idealtypischer Art sind. In der Praxis werden sich Konzepte entwickeln, die z. B. Hilfe durch Bildungsaktivitäten oder Gerechtigkeit durch Hilfe zu realisieren suchen. Jedes der Konzepte kann nochmals untergliedert werden in Teilkonzepte.

Zur Konzeptentwicklung und -umsetzung können Netzwerke geknüpft werden, die die Möglichkeiten potenzieren. Idealtypischerweise sind dies:

- Netzwerk Bildung.
- Netzwerk Gerechtigkeit.
- Netzwerk Hilfe.
- Netzwerk Gottesdienst und geistliches Leben.

In der Praxis dürften sich an unterschiedlichen Orten unterschiedliche Schwerpunkte und Netzwerke bilden.

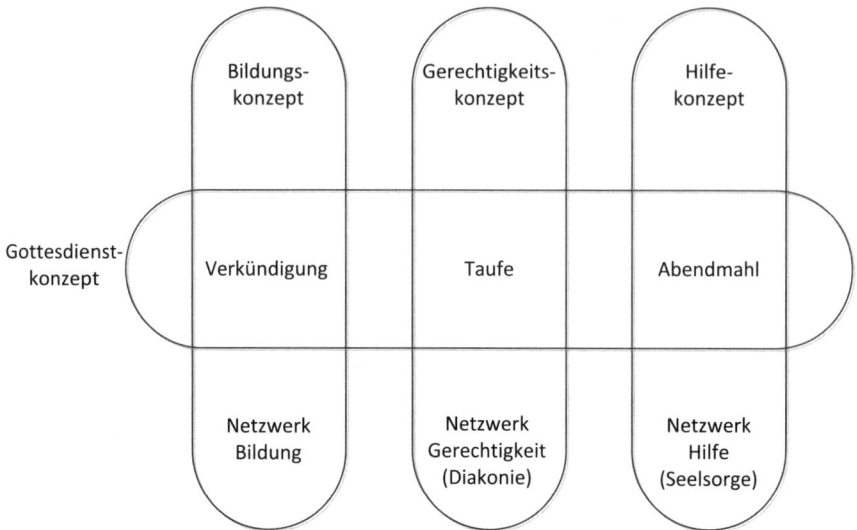

Abb. 4: Grundkonzept darstellenden und wirkenden Handelns

Aufbau im Rückbau

Durch Vernetzung findet ein Aufbau im Um- und Rückbau statt. Neues entsteht, das mehr ist als die Summe seiner Teile und erst durch das Zusammenwirken der verschiedenen Orte und Funktionen möglich wird. Innovation statt Regression und Depression.

Ein Konfirmandenarbeitskonzept für die Region ist nicht nur ein angemessener Umgang mit weniger Konfirmanden pro Gemeinde, es ermöglicht auch inhaltliche und methodische Innovationen, die eine Einzelgemeinde meist nicht leisten kann.

Ein Gottesdienstkonzept für die Region ist nicht nur ein angemessener Umgang mit rückläufiger Teilnahme, weniger Geld und Pfarrern, es ermöglicht auch ein Gottesdienstprogramm, das für eine einzelne Gemeinde nicht machbar ist. Erfahrungen zeigen: es ist möglich, mit weniger Personal und weniger Gottesdiensten mehr Gottesdienstbesucher anzusprechen.

Große Bedeutung hat dabei die kybernetische Kompetenz der Verantwortlichen Wie Zusammenarbeit erweist sich auch Leitung im Übergang von der Differenzierungs- in die Integrationsphase als unausgeschöpfte Ressource.

4. Leitung: Von der Verwaltung zur Gestaltung

Mit Umsicht und weitem Blick voraus!
Systeme entwickeln.

Erweist sich die Entwicklung gemeinsamer Konzepte als zukunftsträchtig, steht kirchliche Leitung vor der Herausforderung, weiter zu gehen: von der Verwaltung zur Gestaltung. Nötig sind Umsicht und der weite Blick voraus. Vor-Denken wird zur zentralen Aufgabe. Leitung ist mehr als interpersonales Führungshandeln zwischen Vorgesetztem und Mitarbeiter. Sie hat weniger die Details zu regeln als vielmehr die Systeme so zu gestalten, dass sie ihre Angelegenheiten selbst regeln können. Die innere Orientierung kirchlicher Leitung ist nicht Herrschaft, sondern ihre Funktion, die Gestaltwerdung des Leibes Christi zu ermöglichen.

Wolfgang Huber hat bereits 1998 darauf hingewiesen, dass die Krise der Kirchen auch eine »Krise des Kirchenmanagements«[1] ist. Und Alfred Jäger mahnte schon in den 1980er Jahren die Reform kirchlicher Leitung an, indem er warnte, ein Verharren im Bisherigen sei bestandsgefährdend. Die aktuelle Situation gibt beiden Recht. Die Krise kirchlicher Leitung hat Gründe.[2]

Leitung als Bürokratie

Fast vierhundert Jahre lang waren die Landeskirchen Staatskirchen. Ihre Leitung war eng mit der Entwicklung staatlicher Bürokratie verknüpft. Gerade in der Kirchenverwaltung gelang es den Landesherren häufig zuerst, den Einfluss des lokalen Adels zurückzudrängen und zentrale Herrschaft durch Beamte in Konsistorien aufzubauen.

Nach dem Wegfall des Summepiskopats 1918 ordneten Kirchenverfassungen die kirchliche Leitung neu. Sie bestand in der Regel aus Landessynode, dem Oberkirchenrat als Verwaltungsbehörde und einem Mischgremium aus Mitgliedern der Synode und des Oberkirchenrats. Das eigentliche Kontinuum in der Leitung der Landeskir-

---

1 Wolfgang Huber, Kirche in der Zeitenwende, 233.
2 Zur Analyse und Neukonzeption kirchlicher Leitung vgl. Schramm, Kirche als Organisation gestalten, 44–60, 95–109, 214–226, 355–396, 574–758, 791–795.

chen waren die Konsistorien, die nun zwar echte Kirchenbehörden wurden, die Kirchen aber weiterhin nach bürokratisch-monokratischem Muster verwalteten.

Bürokratische Herrschaft soll die Umsetzung des Herrscherwillens durch fachlich geschultes Personal sicherstellen, dessen Handeln durch Rechtsförmigkeit geprägt und dadurch legitimiert wird. Zu ihren *Stärken* zählt ihr rationaler, Fachwissen zur Anwendung bringender Charakter. Ihre *Schwächen* resultieren daraus, dass Legitimitäts- und Herrschaftsaspekte Effektivitäts- und Effizienzüberlegungen dominieren. Die Grundmotive der Genehmigung und Aufsicht fördern vor allem ein regelgebundenes, weniger ein zukunftsorientiertes Denken und Handeln. Legitimität ist kameralistisch durch regelkonforme Mittelverwendung und politisch durch rückblickende Berichte nachzuweisen. Umweltbeobachtung und Zukunftsorientierung sind strenggenommen herrschaftliche Aufgaben, die an die nicht-bürokratische Spitze der Pyramide und somit nicht zum Bürokratiekonzept von Leitung gehören.

Als Max Weber sein Modell der Herrschaftstypen entwickelte, waren ihm die Kirchen Beispiele bürokratischer Organisationen. Ihre bürokratische Leitungstradition prägt sie bis heute auf allen Ebenen.

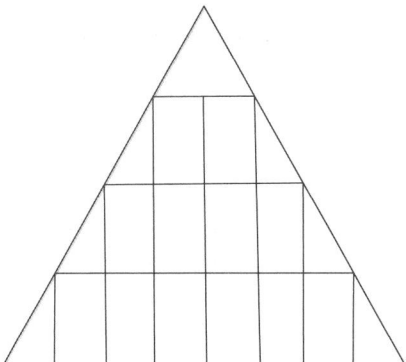

Abb. 5: Hierarchisch-bürokratische Leitungspyramide

Landeskirchliche Zentralbehörden verstehen sich nach wie vor als »oberste aufsichtsführende Behörden zur Leitung und Verwaltung der Landeskirche«, die in Aufbau und Arbeitsweise weiterhin Ministerialbehörden gleichen. Sie werden von Kollegialorganen geleitet, deren ursprünglicher Sinn darin bestand, dass der Landesherr sich der Fachkompetenzen mehrerer Personen bedienen konnte, die sich jedoch gegenseitig in Schach hielten und damit seine Herrenstellung nicht gefährdeten. Fällt der Landesherr als die eigentliche politische Leitung weg, tendiert Leitung zur Verwaltung – nach Max Weber die eigentliche Gefahr bürokratischer Herrschaft.

Doch auch auf *Ebene der Kirchengemeinden* geht es nach wie vor bürokratisch zu: Pfarrerinnen und Pfarrer leiten ein »Pfarr*amt*«, das – nicht nur sprachlich – wie in staatskirchlichen Zeiten neben dem Finanz*amt*, Bau*amt*, Jugend*amt* etc. steht. Und auch das, wenngleich aus anderem Geist entstandene, demokratischen Spielregeln folgende synodalpresbyteriale System ist tief von bürokratischen Abläufen bestimmt.

Rudolf Roosen charakterisiert die Leitung der Parochien als »Verwaltung«, als »kontinuierliche Fortschreibung gewohnheitsmäßig verfestigter Ordnungen und Verfahrensabläufe.« Roosens Beschreibung des Leitungsalltags eines Presbyteriums zeigt Logik und Grenzen des Bürokratiemodells: »Die bürokratisierte Verwaltung sorgt dafür, dass die Gemeindeleitung kontinuierlich mit Aufgaben versorgt wird. … Vorlagen, Fristen und Formalia sind zu beachten. … die Verwaltung hält die Presbyterien in Bewegung und erzeugt damit einen ständigen Druck, der das Presbyterium zwingt, sich zunächst und vor allem mit dem Nächstliegenden zu beschäftigen … Ausblick und Rückblick unterbleiben aus Zeitmangel. … Die Auseinandersetzung mit dem Zukunftshorizont … steht deshalb in der Prioritätenliste erst sehr weit hinten. Wer zügig entscheiden muß, hat nur wenig Zeit für Visionen und Konzeptentwicklung. … In dieser Situation bietet sich die Verwaltung des jeweiligen status quo mit dem erprobten Mittel der Finanzsteuerung an.«[3]

Steuerung über Recht und Finanzen

Bürokratien steuern über gesetztes Recht, das durch Verwaltungsakte zur Anwendung gebracht wird. *Steuerung über Rechtssetzung* hat jedoch Grenzen:[4]

Erstens gibt es gesetzgebungstechnische Schwierigkeiten, wenn komplexe Zusammenhänge in gesetzliche Regelungen transformiert werden sollen. Um eine Flut von einzelfallorientierten Regelungen zu vermeiden, müssen Gesetzgeber, auch Synoden, von Einzelfällen abstrahieren und allgemeine Beschreibungen von Tatbeständen erfassen. Das birgt die Gefahr verminderter Steuerungseffizienz. Die gleichzeitige Forderung nach hoher Steuerungseffizienz führt dazu, dass im Laufe der Zeit das Recht aufgebläht wird, indem immer mehr Bereiche rechtlich geregelt werden.

Zweitens hat eine Steuerung durch Rechtssetzung mit Präventions- und Vollzugsdefiziten zu kämpfen. Die Präventionsfunktion leidet, weil viele Rechtssätze aufgrund der Arbeitsteilung in Organisationen vielen Mitarbeitenden nicht bekannt sind, der Vollzug, weil die zunehmende Zahl und die Detailliertheit von gesetzlichen Regelungen die Handelnden bei Anwendung und Kontrolle überfordern. Ungeklärt ist häufig schon, wer verantwortlich für die Umsetzung von Recht ist.

Drittens hat eine Steuerung durch Recht ein time-lag-Problem. Neue Sachverhalte entziehen sich gesetzlichen Regelungen, Leitungen können aber oftmals nicht warten, bis rechtliche Regelungen vorhanden sind. So werden Fakten geschaffen, die eventuell nicht mehr rückgängig zu machen sind.

Viertens zeichnet sich ein Konsens ab, dass das Kirchenrecht der Kirchenpolitik zu folgen hat, weil es bei der Gestaltwerdung des Leibes Christi keine konstitutive Funktion hat, sondern eine konsekutive – die als solche allerdings unverzichtbar ist.

Die Grenzen einer *Steuerung über Finanzen* zeigen sich spätestens, wenn geringere finanzielle Ressourcen zur Verfügung stehen. Finanz- oder Haushaltssteuerung ist ein übliches und nicht aufgebbares Mittel politischer Steuerung. Damit ist aber bereits gesagt, dass der Anwendung dieses Mittels eine politische Willensbildung vorausgehen muss.

---

3 Roosen, Die Kirchengemeinde, 556.
4 Vgl. Steinmann/Löhr, Unternehmensethik, 147f.

Leitung funktional-differenziert

Seit den 1960er Jahren wurden kirchliche Verwaltungen stark ausgebaut. In der Evangelischen Kirche der Pfalz wuchs die Zentralbehörde Landeskirchenrat von 16 Mitarbeitenden 1946 auf 152 im Jahr 1994, das Generalvikariat des Bistums Münster von ca. 30 nach dem Zweiten Weltkrieg auf über 400 in den 1990er Jahren.

Auf der mittleren Ebene wurden seit den 1960er Jahren Verwaltungsämter neu geschaffen, weil die Pfarrämter die gestiegenen Anforderungen aus der zunehmenden Verrechtlichung, dem größeren Gebäudebestand und vor allem den immer zahlreicheren Kindertagesstätten nicht mehr bewältigen konnten. Generell führte die höhere Anzahl der Gemeinden und die Ausweitung der Handlungsfelder – durch die als Chance kirchlichen Handelns wahrgenommenen subsidiär finanzierten Arbeitsbereiche – zu mehr Mitarbeitenden, mehr Gebäuden – und mehr Verwaltung.

Die Grundsätze bürokratischer Leitung blieben dabei erhalten, erfuhren durch die Ausdifferenzierung der Handlungsfelder jedoch eine entscheidende Veränderung. Angesichts der Vielzahl der Aufgaben musste die Einheitlichkeit der Leitung aufgegeben werden. Wurden bis dahin *auf gesamtkirchlicher Ebene* sehr viele Entscheidungen an der Spitze, in den obersten Leitungsgremien gefällt, übertrug man sie nun aufgrund ihrer zunehmenden Anzahl, um der zeitlichen Beschleunigung und ebenso der Erfordernis spezialisierten Sachverstands willen auf einzelne Mitglieder der obersten Gremien, so dass die Gremien in Grundsatzfragen entschieden, die Leiter der Abteilungen aber »Dezernatsentscheidungen« über die täglichen Sachfragen fällten. Die Abteilungen entfalten ein stärkeres Eigenleben, es kommt zu »Versäulungen«, die sich auf der *mittleren Ebene* fortsetzen, wo Gemeinden, Jugendzentralen, Sozialstationen, Kindertagesstätten etc. unverbunden nebeneinanderstehen.

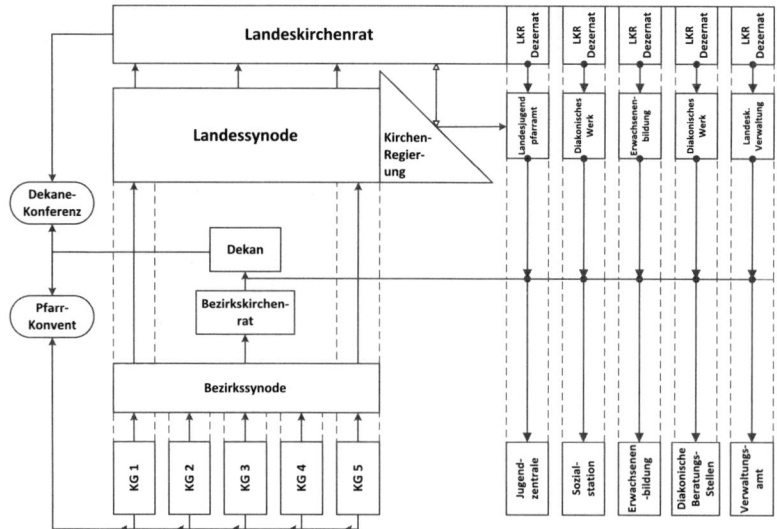

Abb. 6: Funktional-differenzierte Leitung auf landeskirchlicher Ebene – idealtypische Darstellung

Traf *in den Kirchengemeinden* bis in die 1970er Jahre hinein der Pfarrer als »Geistlicher Leiter der Gemeinde« – ggf. zusammen mit dem Presbyterium – die Entscheidungen, weiten sich nun die innergemeindlichen Handlungsfelder aus – durch zahlreiche Gruppen und Kreise, neu entdeckte Arbeitsfelder wie Öffentlichkeitsarbeit oder durch Kirchenvorstandsausschüsse, die höhere Qualität und Professionalität gewährleisten sollen. In der »additiven Gemeinde« (Christian Möller) stehen die verschiedenen Funktionen und Gruppen oft unverbunden nebeneinander und bilden eigene Leitungen unterhalb des Presbyteriums aus.

Während im *Kirchenbezirk* der parochialen Phase Steuerung auf der Ebene des Teilsystems Parochie stattfand und der Dekan im Pfarrkonvent die Parochien im Gespräch mit deren Geschäftsführern koordinieren konnte – sofern es etwas zu koordinieren gab –, kommen nun nichtparochiale Dienste hinzu, die in den gemeinsamen Steuerungsgremien Pfarrkonvent, Bezirkskirchenrat, Bezirkssynode nicht vertreten sind. Eine Koordinierung von Parochien und funktionalen Einrichtungen wird nicht systematisch angestrebt und ist nicht institutionalisiert. Selbst dort, wo diese Dienste in den Synoden vertreten sind, zeigen sich Versäulungstendenzen.

Auf allen Ebenen kommt es zu einer Differenzierung der Leitung – erkennbar an einer sprunghaften Vermehrung von Gremien, Sitzungen und Abstimmungsverfahren – bei gleichzeitiger Ermangelung integrierender Leitungsstrukturen. In der funktional-differenzierten Kirche gibt es *keine Integralfunktion*, die die verschiedenen Teilinteressen in eine Gesamtperspektive stellen und die Aktivitäten der Teilbereiche sinnvoll bündeln würde, vielmehr ist die Leitung differenziert und wird in den einzelnen Bereichen getrennt voneinander wahrgenommen. Es fehlt auch an Bewusstsein, dass Koordination nötig sein könnte. Weder existieren entsprechende Leitungsmodelle oder Vorstellungen über Mittel und Methoden der Koordination, noch gibt es gemeinsame Ziele und Handlungskonzepte. *Für die spezialisierten Teilbereiche* sind der fehlende Blick für das Ganze, Resort-Denken und eine Überbewertung der eigenen Aufgabe typisch. Die Folgen sind mangelnde Abstimmung und Zusammenarbeit der einzelnen Einrichtungen untereinander und mit den Parochien, bis dahin, dass unterschiedliche Dienste ähnliche Angebote machen. Doppel- und Dreifachangebote erscheinen in dieser Perspektive als Folge differenzierter Leitung. *Für die Parochien* bleibt der Grundsatz »jede Gemeinde macht alles« aus der parochialen Phase bestehen. Sie und ihre Aktivitäten stehen unkoordiniert nebeneinander.

Die *Stärke* funktional-differenzierter Leitung besteht zum einen in ihrer hohen Sachkompetenz, die fachlich qualifizierte Entscheidungen ermöglicht. Zum andern versetzt sie die Landeskirchen auf allen Ebenen in die Lage, die zahlreichen Innen- und Außenbeziehungen wahrzunehmen, etwa die Kommunikation mit anderen Organisationen und staatlichen Stellen.

Als zentrale *Schwäche* funktional-differenzierter Leitung erweist sich ihre Desintegration. Die funktionale Differenzierung von Aufgaben und Leitung bei gleichzeitigem Fehlen von Integralfunktionen *reduziert die Steuerbarkeit der Systeme und des Gesamtsystems*. Die desintegrierte Leitung des Differenzierungsmodells denkt von der eigenen Funktion aus, nicht vom Ganzen, nicht vom lebensweltlichen Bedarf, nicht von zukünftigen Herausforderungen her. Kohärente, zukunftsorientierte Strategien und Konzepte fehlen. Leitung verfängt sich im Operativen, Theologie wird ortlos.

Die Gefahr der Fremdbestimmung durch subsidiäre Fremdfinanzierung ist aufgrund fehlender theologisch-kybernetischer Theoriebildung und entsprechender Leitungskonzepte hoch. Funktional-differenzierte Leitung ist teuer. Für dynamische und komplexe Umwelten hat sie eine zu geringe Wahrnehmungs- und Steuerungskraft und agiert in zu kurzen Zeithorizonten.[5]

Steuerung über Berufsrollen

In der Differenzierungsphase versuchen die Landeskirchen, mit gesellschaftlicher Differenzierung umzugehen, indem sie sie binnenkirchlich nachbauen: neue »Zielgruppen« werden wahrgenommen und mit »Angeboten« versorgt, neue notwendige Funktionen entdeckt und entsprechende Abteilungen eingerichtet. Der Wandel von der parochialen zur Differenzierungsphase wird von Strukturveränderungen getragen. Steuerung vollzieht sich strukturell in der Einrichtung von »Stellen« und kulturell in der Ausbildung neuer sowie der Spezialisierung bestehender Berufsrollen. Den professionalisierten Mitarbeitenden werden spezifische, meist zielgruppen- und themenorientierte Aufgaben zugewiesen (als Jugendreferent, Gemeindepädagogin, Pfarrer mit Gemeinde- oder Spezialauftrag), die sie vor Ort als Einzelne aus ihrer Berufskompetenz mit den jeweiligen Situationen vermitteln sollen.

Ziele und Strategien fehlen, Personen sind Programme (»Diese Stelle ist das, was Du aus ihr machst.« »Herr Pfarrer, so wie sie es sagen, so machen wir es.«). Dem korrespondiert eine unklare Aufgabenbeschreibung, die sich in der Formulierung »Mach mal« ausdrückt und persiflierend als »Management by Mach mal« bezeichnet wurde.

Eine solche Steuerung über Berufsrollen setzt eine relativ statische Situation voraus. Dennoch nötige Veränderungen und Anpassungen werden primär dem Einzelnen und seiner Berufsrollenentwicklung zugewiesen. Weil die eigentliche Steuerungsleistung über die Berufsrolle erfolgt, soll der eine Mitarbeiter mit allen Situationen umgehen können und widersprüchlichste Kompetenzen und Rollenerwartungen in sich vereinigen. Steigt jedoch die Umweltdynamik und -komplexität, überlastet diese Art der Steuerung die Amtsinhaber und kommt an ihre Leistungsgrenzen, insbesondere wenn sie mit Ressourcenrückgängen verbunden ist. Werden weiterhin alle Anforderungen in das Kompetenzprofil der Mitarbeitenden eingetragen, tendiert dieses ins Unendliche und ist von einer Person nicht mehr zu leisten (ein Phänomen, das umgangssprachlich mit dem Begriff »eierlegende Wollmilchsau« bezeichnet wird).

Die Steuerung über Berufsrollen hat eine hohe Affinität zu der in Landeskirchen üblichen Beziehungs- und Personorientierung und geht einher mit einer Sehschwäche personalführender Stellen für die Aufgabe der guten strukturellen Ausgestaltung von Arbeit und Zusammenarbeit. Managementprobleme als Probleme der arbeitsteiligen Zusammenarbeit werden als solche nicht erkannt, was zu einer Personalisierung von

---

5   Zu weiteren Aspekten kirchlicher Leitung in der Differenzierungsphase vgl. Schramm, Kirche als Organisation gestalten, 355–396.

Problemen wie auch Lösungen führt, die weder den Personen noch den Aufgaben gerecht wird.

Spätestens wenn aufgrund des Kaufkraft- und Personalrückgangs Stellen abgebaut werden müssen, zeigt sich, dass der binnenkirchliche Nachbau gesellschaftlicher Differenzierung als Handlungsmuster an seine Grenzen stößt und eine Steuerung kirchlicher Arbeit nicht mehr über Berufsrollen erfolgen kann.

Leitung in der Integrations- und Assoziationsphase

Wie können die Landeskirchen – und Bistümer – zukünftig mit innerkirchlicher und gesellschaftlicher Differenzierung umgehen? Indem sie ihr Reaktionsmuster verändern und Eigen- und Umweltkomplexität durch Entwicklung, also Veränderung im Zeitlauf, verarbeiten, – so wie es die Formel »ecclesia reformata semper reformanda« empfiehlt. Entwicklung vollzieht sich durch Politik-, Strategie- und Konzeptentwicklung und ihre Umsetzung.

Wollen die Partikularkirchen beispielsweise auf Veränderungen auf dem »Bestattungsmarkt« reagieren, können sie dies nur durch Strategie- und Konzeptentwicklung. Dabei wäre auch eine Nichtreaktion eine strategische Reaktion, eben eine solche, die Pfarrerinnen und Pfarrer, Gemeinden, Regionen und Kirchenkreise konzeptlos den Entwicklungen auslieferte. Auch die Tatsache, dass die Taufquote mittlerweile höher ist als die Konfirmationsquote, lässt sich in vielen Fällen auf der Ebene der Einzelgemeinde nicht mehr bearbeiten. Die Ursachen dieser Entwicklung dürften vielfältig sein, die Lösung wahrscheinlich in differenzierten Formaten bestehen, die parochial aufgrund fehlender personeller Ressourcen und demographiebedingt kleiner werdender Konfirmandengruppen nicht realisiert werden können.

Grundlegende Veränderungen eines dynamischen Umfeldes lassen sich, wie diese Beispiele zeigen, nicht mit kurzfristigen, operativen Maßnahmen einzelner Parochien bearbeiten. Mit ihnen angemessen umzugehen erfordert zweierlei: zum einen eine Zusammenführung bislang unabhängig voneinander agierender Größen, um ein neues Ganzes zu gestalten, das mehr und leistungsfähiger ist als seine Teile. Zum andern grundsätzliche Stellungnahmen dieser neuen Einheiten, die sich in langfristigen Strategien und mittelfristigen Konzepten konkretisieren. Kurzfristiges Agieren ist nicht in der Lage, komplexe Probleme zu bewältigen.

Sowohl im Blick auf die Entwicklung kirchlicher Strukturen als auch im Blick auf die angestrebten Wirkungen kirchlicher Aktivitäten ist die Einübung eines längerfristigen Zeithorizonts unabdingbar. Die Entwicklung eines Kinder- und Jugendarbeitskonzeptes in der Region braucht Zeit, die Erreichung der damit angestrebten Wirkungen erst recht. Der Aufbau einer Singschule dauert Jahre. Ein Netzwerk darstellenden und wirkenden Handelns kann nur mittel- und langfristig geknüpft werden, und braucht, soll es symbolwirksam sein, eine Auftragsorientierung, die sich nur durch integrierte Strategie- und Konzeptentwicklung realisieren lässt.

Fehlt »eine klare Strategie, dann wird die Kirche von den Entwicklungen überrollt, verliert die entscheidenden Bezugspunkte aus dem Blickfeld, kann in den gesellschaftlichen Prozessen keine klare Stellung mehr beziehen, beschränkt sich oft nur noch darauf, das Vertraute zu verwalten und kümmert sich in einer Art Nabelschau mehr um die eigene Selbsterhaltung als um ihren Auftrag in der Welt. Die Folge ist, dass sie von den gesellschaftlichen Gruppen nicht mehr ernst genommen wird.«[6]

Geschieht Leitung in hohem Maße über Berufsrollen, steht die Führung der einzelnen Mitarbeitenden im Fokus des Leitungshandelns. Kirchliche Leitung kann sich aber nicht auf interpersonales Führungshandeln beschränken, wenn das gesamte kirchliche System an seine Grenzen stößt und das Verhältnis der Gemeinden, Kirchenbezirke und Landeskirchen zu ihrer internen und externen Umwelt prekär wird. Sie ist deshalb zu verstehen und zu konzipieren als Gestaltung, Entwicklung und Lenkung ganzer kirchlicher Organisationen und Organisationseinheiten – in ihrer Umwelt!

Steuerung durch Entwicklung einer Kirchenpolitik, strategischer Ziele und Konzepte gewinnt nun erst ihre volle Bedeutung. Deshalb entwickelt sich das kirchliche Leitungshandeln von der Steuerung über Kirchenrecht, Ressourcenzuweisung (Stellenplan, Haushaltsplan) und Berufsrollen weiter zu einer Steuerung durch Kirchenpolitik.

Steuerung durch Kirchenpolitik

War die Regelung der äußeren Verhältnisse der Landeskirchen seit der Reformation Sache des Landesherrn, so ging sie im 19. Jahrhundert mehr und mehr auf kirchliche Organe über, vollends seit der Trennung von Kirche und Staat in der Weimarer Reichsverfassung.

Dementsprechend war mit dem Begriff Kirchenpolitik zunächst die die Kirchen betreffende Politik des Staates gemeint, zwischenzeitlich das Verhalten der Kirchenleitungen gegenüber dem Staat. Zukünftig muss Kirchenpolitik als eine elementare Funktion im Leben der Kirche verstanden werden, in der es primär um Selbstgestaltung geht, die sich als Innen- und Außengestaltung auch auf den Staat und die gesamte kirchliche Umwelt bezieht.

Die Aufgabe der Kirchenpolitik besteht darin, zwischen Herkunft und Zukunft Eigen- und Umweltkomplexität durch generelle Ziele und eine Grundorientierung für präferierte Verhaltensweisen bei der Zielverfolgung zu verarbeiten. So wird durch positive Vorgaben oder Benennung unzulässiger Aktivitätsfelder ein Entwicklungspfad eingegrenzt.

Der Begriff der Kirchenpolitik wird momentan fast ausschließlich auf die landeskirchliche Ebene bezogen. Ist kirchliche Leitung jedoch als Systemfunktion zu verstehen, dann liegt es auf der Hand, dass auch Gemeinden, regionale Einheiten und Dekanate eine Kirchen- resp. Gemeinde- oder Dekanatspolitik entwickeln müssen.

Kirchenpolitik unterliegt spezifischen Bedingungen und steht in theologisch qualifizierten Bezügen.

---

6 Senn, Der Geist, die Hoffnung und die Kirche, 314.

Kirchenpolitik: gebunden an externe Vorgaben und konsensorientiert

Während es z. B. in der Regierung eines Staates darum geht, in einem demokratischen Verfahren Kompromisse zu erzielen, hat Kirchenpolitik eine gänzlich andere Interessens- und Orientierungsbasis. Sie ist gebunden an externe Vorgaben und konsensorientiert.

Kirchliche Leitung hat ihre Orientierung in Grund, Gestalt und Bestimmung der Kirche als einer nichtvariablen externen Vorgabe. Während die Willensbildung im nichtkirchlichen Bereich einer Zweck-Mittel-Relation verpflichtet ist, weiß kirchliche Willensbildung, dass sie bestenfalls in aller Vorläufigkeit zeugnishaft Gottes Heilswillen entspricht.

Kirchenpolitische Willensbildung vollzieht sich deshalb immer in der Frage nach Entscheiden, die der Richtung von Gottes Heilswillen entsprechen. Das Sollen geht dem Wollen voraus.

Für die Zielfindung, für die Findung des Wollens auf dem Hintergrund des Sollens, gilt deshalb ein hoher Konsensbedarf. Dabei geht es nicht um oberflächliche Harmonie, sondern um eine Einmütigkeit, die sich bei allen Differenzen verbunden weiß im gemeinsamen Hören auf Gottes Interesse an seiner Kirche.

Vier elementare Orientierungen der Kirchenpolitik

Kirchenpolitik vollzieht sich im Spannungsfeld von Herkunft und Zukunft, von Innen und Außen. Jede dieser vier Hinsichten ist theologisch qualifiziert. Und jede kirchliche Aktivität und Lebensgestalt nimmt nolens volens Stellung zu diesen vier elementaren Orientierungsrichtungen kirchlichen Lebens.

Herkunftsbezug

Im Herkunftsbezug gestaltet eine Kirche ihr Verhältnis zu ihrer eigenen Geschichte. Über die eigene Gewordenheit hinaus bezieht sich Kirchenpolitik auf den Grund der Kirche zurück: Das Handeln Gottes in Jesus Christus. Von hier aus vergewissert sie sich ihrer Grundorientierung und Motivation. Sie lebt konstitutiv aus ihrem Bezug zu Person, Wort, Werk, Weg und Geschick Jesu von Nazareth, das nicht mit ihr identisch ist, sondern ihr kritisch gegenüber steht. Das innere Motiv kirchlichen Lebens ist deshalb keine Angelegenheit menschlichen Wollens. Es speist sich aus der Frage: Was sollen wir? Es lebt aus dem Glauben, der Hoffnung und der Liebe, mit denen Christus die Seinen auf den Weg hinein in den Horizont des heilvoll anbrechenden Reiches Gottes schickt.

Für kirchliche Leitungsarbeit ist der Herkunftsbezug bleibend konstitutiv und bildet zusammen mit dem Zukunftsbezug die innere Achse, von der her und auf die hin kirchliches Leben und Handeln je wieder seine Mitte, Orientierung und Identität findet. Dies ist eine permanente Aufgabe.

Zukunftsbezug

Der Zukunftsbezug ist nicht nur durch einen chronologischen, sondern vor allem durch einen theologischen Zeitbegriff zu bestimmen. Kirchenpolitik ist zukunftsgerichtete menschliche Antwort auf Gottes Wort, in dem Gottes Heilswillen mit der Welt laut wird. Sie rechnet mit und hofft auf Gottes in die Zeit einbrechendes Handeln (kairos), sie vertraut auf die Verwandlung der Welt in Gottes Reich durch Gott selbst. Die Zukunft ist Raum der Gefährdungen, aber auch der Chance eines Lebens im Sinne Gottes als Zeichen seines Reiches.

Kirchenpolitik nimmt im Zukunftsbezug die Wirklichkeit von Kirche und Welt im Horizont des Reiches Gottes wahr, in ihren Risiken und ihren Chancen.

Im Zukunftsbezug reflektiert Kirche mögliche nächste Schritte, wie sie mit ihrem Verkündigungs-, Bildungs-, Hilfe- und Gerechtigkeitshandeln zum Zeugnis für Gottes Heilswillen werden kann. Kirchenpolitik bedenkt im Zukunftsbezug die Frage, wohin es gehen soll, in kürzeren, mittleren und langen Zeithorizonten. Es geht dabei um die nach Innen und Außen gerichteten Ziele und Programme der Gemeinden, Regionen, Kirchenbezirke, Landeskirchen und Bistümer.

Innenbezug

Kirchenpolitik nach Innen ist Selbstgestaltung hinsichtlich der zentralen Handlungsfelder – Verkündigung, Bildung, Hilfe, Gerechtigkeit – auch durch die entsprechenden (Rahmen-)Strategien und Konzepte zu Finanzen, Leitung, Personal, Öffentlichkeitsarbeit.

Außenbezug

Um Chancen und Risiken einer kirchenpolitischen Rahmengestaltung in den Blick zu bekommen, ist vor allem Handeln eine entsprechende Wahrnehmung der Umwelt nötig. Dabei können die ökologische, ökonomische, soziale, staatliche, kulturelle, religiöse und ökumenische Sphäre unterschieden werden. Kirchenpolitik nach außen hat drei Stoßrichtungen: das Gemeinwohl, die Verbesserung der institutionellen Rahmenbedingungen einer Partikularkirche, die Vertiefung der Gemeinschaft der Partikularkirchen.

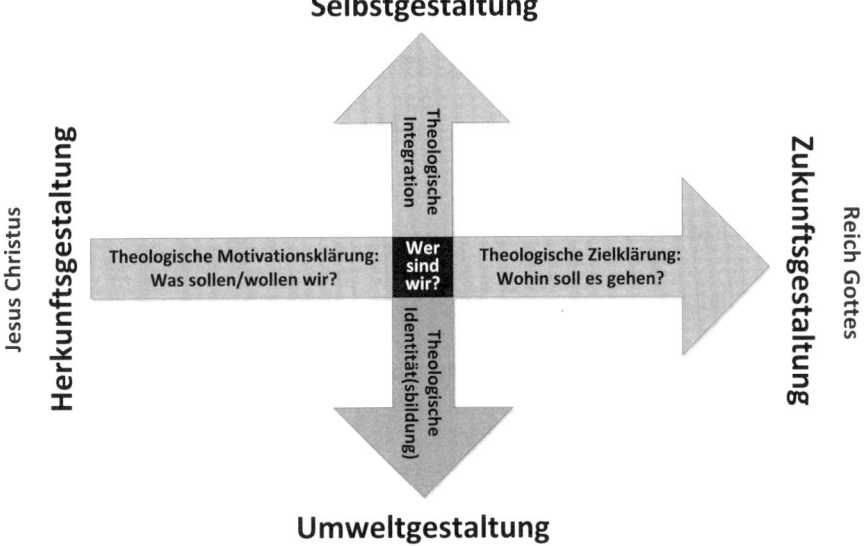

Abb. 7: Vier elementare Orientierungen der Kirchenpolitik

Leitbilder und strategische Konzepte als kirchenpolitische Instrumente

Auf dem Hintergrund dieser Theorie der Kirchenpolitik lauten die drei elementaren kirchenpolitischen Leit(bild)fragen: Wer sind wir? (Identität). Was sollen/wollen wir? (Ziele). Wohin soll es gehen? (Leitbild und Konzepte).

Diese drei Fragen sind zentral für die Erneuerung von kirchlicher Organisation und kirchlichem Leben und strukturieren deshalb auch unseren Vorschlag zur Entwicklung neuer Konzepte in Teil II dieses Buches. Leitbilder und Konzepte sind die Leitungsinstrumente zur Entwicklung und Umsetzung einer Kirchenpolitik.

Ein Leitbild beantwortet die drei zentralen kirchenpolitischen Leitfragen:

1. *Wer sind wir?* Damit ist die Frage nach der Corporate Identity gestellt. Wer ist unser Kirchenkreis? Lediglich eine Verwaltungseinheit, die den Kirchengemeinden den reibungslosen Betrieb ermöglicht oder selbst Kirche im theologisch qualifizierten Sinn? Versteht sich unsere Kirchengemeinde als »Versorgungseinheit« für Kasualien, Gottesdienste und Konfirmandenunterricht oder als zivilgesellschaftliche Akteurin mit besonderem Auftrag? Ist die Region eine große Parochie oder ist sie als Netzwerk der Kommunikation und Praxis des Evangeliums zu verstehen?
2. *Was sollen/wollen wir?* Die dem Wollen vorangehende Frage nach dem Sollen ist die Frage nach dem Auftrag der Kirche zwischen Herkunft und Zukunft. Eine solche ekklesiologische Reflexion ist unverzichtbar, wenn nicht fremde Geister in der Kirche herrschen sollen. Notwendig ist es jedoch, die Frage nach dem Auftrag

der Kirche mit der je konkreten Erscheinungsform von Kirche zu verknüpfen, also zu überlegen, was als Aufgabe einer konkreten Gemeinde, eines konkreten Kirchenkreises angesehen werden muss. Hier geht es um gemeinsame Willensbildung der Beteiligten.[7]

3. *Wohin soll es gehen?* Dies ist die eigentliche Leitbildfrage. Wo wollen »Wir« in zehn bis 15 Jahren mit unserer Gemeinde, unserer Region, unserem Kirchenbezirk sein und wie wollen wir sein? Was ist unsere Vision, die wir in pragmatischen Schritten angehen werden?

Mit weitem Blick voraus

Insbesondere die letzte Frage macht deutlich: die zentrale Aufgabe kirchlicher Leitung in dynamischen und komplexen Umwelten und in Zeiten epochalen Wandels ist das Vor-Denken.

Vordenken ist nötig, um den Weg in eine neue Epoche möglichst schnell zu finden. Schleiermacher hat im Übergang zur Moderne Kirchenleitung neu gedacht. Wichern hat unter frühindustriellen Bedingungen mit seinem Konzept der Inneren Mission kirchliche Arbeit neu gedacht. Sulzes Parochialmodell hat angesichts von Mitgliederzuwachs und Urbanisierung Kirchengemeinde neu gedacht. Ohne dieses Vordenken wären die Landeskirchen nicht, was sie heute sind. Was frühere Generationen geleistet haben, dürfen die kommenden auch von den heute Verantwortlichen erwarten: dass sie vordenken – durch Rückbesinnung auf Wesen und Bestimmung der Kirche, aber auch durch sensible Wahrnehmung der Umwelten, mit denen Kirche als Organisation interagiert, und der Lebenswelten der Menschen, zu denen die Kirche als Handlungsgemeinschaft gesandt ist. Die Qualität kirchlicher Leitung zeigt sich gerade darin, dass sie sich frühzeitig mit strategischem Weitblick den Zukunftsherausforderungen stellt. Teil II dieses Buches gibt Anregungen für eine Leitungsarbeit, die vor-denkt, um die eigene Zukunft zu gestalten.

Konkretion in Konzepten

Leitbilder bleiben unwirksam, wenn sie nicht in Konzepten konkretisiert werden. Mit der Frage nach den Zielen wird schon die Phase der Konzeptentwicklung betreten, bei der es grundsätzlich darum geht, Ziele mit Verfahren der Zielerreichung und den notwendigen Mitteln zu verknüpfen.[8]

Im Zentrum der Konzeptionsentwicklung stehen die Handlungsfelder, die Kirche nicht vernachlässigen kann: Verkündigung, Bildung, Hilfe, Gerechtigkeit. Um auf diesen Feldern handeln zu können, braucht sie aber auch Finanzen, Mitarbeitende und Leitung – und dazu jeweils Konzepte. Die Umweltbeobachtung fasst sie in einem Umweltkonzept zusammen. Und damit das Kirchenschiff zwischen seiner Herkunft

---

7 Vgl. dazu die nächsten beiden Kapitel.
8 Methodische Vorschläge zur Leitbild- und Konzeptentwicklung finden Sie in Teil II, Kapitel 4 und 5, S. 109ff.

Jesus Christus und seiner Zukunft im Reich Gottes dem Auftrag treu bleibt, braucht es nach der Kursbestimmung auch kontinuierliche Steuerung, die auf Winde und Strömungen reagiert und das Schiff auf gutem Kurs hält: Controlling. Auch das geht besser, wenn man überlegt hat, wie man das gemeinsam machen will, wenn man also ein Konzept dafür hat.

Abbildung 8 beschreibt die *Struktur* der zu erarbeitenden Leitungsinstrumente »Leitbild« und »Konzepte«. Die Abbildung am Beginn von Teil II (S. 85) zeigt die *Vorgehensweise* zur Erarbeitung dieser Leitungsinstrumente. (Beide sind kybernetische Konkretionen der Graphiken in Abb. 2, S. 22 und Abb. 7, S. 53).

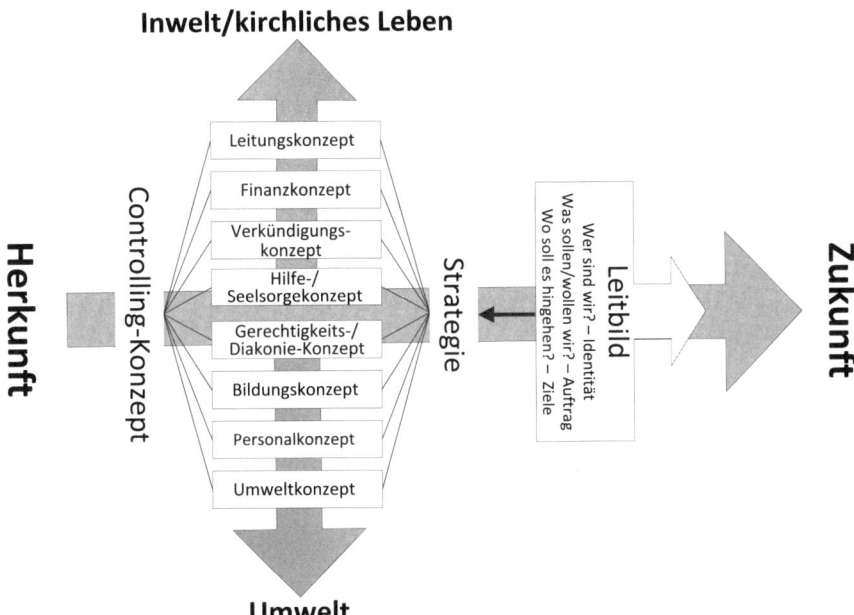

Abb. 8: Leitungsinstrumente im kirchenpolitischen Bezugsnetz

Vom quantitativen zum qualitativen Wachstum

Teil II dieses Buches versucht, dieses Leitungskonzept in Schritte der Leitbild- und Konzeptentwicklung zu übersetzen. Wenn Sie diese Schritte gehen, werden dabei, so die Hoffnung, neue Konzepte kirchlichen Lebens entstehen, indem die Aufgabe von Leitung in den Focus der Aufmerksamkeit rückt: die Frage nach der Ermöglichung, Förderung und Koordinierung der Gestaltwerdung des Leibes Christi. Sie tun damit aber auch den wichtigen Schritt vom quantitativen zum qualitativen Wachstum.

Waren Landeskirchen in der Parochial- und Differenzierungsphase durch »mehr Stellen, mehr Einrichtungen, mehr Aktivitäten« geprägt, geht es zukünftig darum, die Selbststeuerungsfähigkeit zu erhöhen, so dass in fluiden Kontexten Kirche vielgestaltiger, angemessener und zeugnisstärker agieren kann, eben durch die Entwicklung von auftrags- und lebensweltorientierten Konzepten. Gerade bei rückläufigen Ressourcen ist diese Fähigkeit besonders wichtig, weil sie hilft vom »mehr desgleichen« des quantitativen Wachstums zu neuer Stabilität durch Entwicklungsfähigkeit zu kommen, die die Lebendigkeit der Kirche als Handlungsgemeinschaft und die Lebensfähigkeit der Kirche als Organisation gewährleistet.

Quantitatives Wachstum ist lediglich eine größen- oder zahlenmäßige Zunahme. Qualitatives Wachstum bedeutet ein Wachstum an Fähigkeiten der Selbstgestaltung und der Vielheit kirchlicher Lebensgestalten. Es umfasst die Fähigkeit, das Verhaltenspotential zu erweitern, sich neue Ziele und Zwecke zu wählen und Verbesserungen einzuleiten, die Sinn- und Wertvorstellungen entsprechen. Qualitatives Wachstum hat mit der Aneignung von neuem Wissen und Können zu tun, mit der Fähigkeit, Möglichkeiten gezielt zu nutzen und Ressourcen anders zu gebrauchen.

Die nächsten drei Kapitel treiben das Vor-Denken über Leitung in der Kirche der Zukunft weiter. Das folgende Kapitel beschreibt, was die Konzeptentwicklung prägen soll: der Bezug auf die Bestimmung von Kirche und auf die jeweilige Lebenswelt. Das übernächste überlegt, wie Spiritualität und theologische Orientierung in den Prozess der Selbstgestaltung einfließen können, wie Sie also zu Konzepten kommen, die auf Gottes Handeln in Christus und sein kommendes Reich hinweisen. Die letzte Überlegung beschäftigt sich mit der Frage, welche Haltungen der Gläubigen in kirchlichen Leitungsfunktionen dazu beitragen und dem Wesen der Kirche als Glaubensgemeinschaft angemessen sind.

5. Aktivitäten: Von »kirchlichen Angeboten« zur »Kirche mit den Menschen«

Auftrag und Lebenswelt!
Grundlegend für Konzepte.

Eine lebendige Kirche entwickelt sich weiter und sucht nach neuen Möglichkeiten ihrer Gestaltwerdung. Dies ist besonders nötig, wenn die bisherigen Aktivitäten und Sozialformen an Resonanz verlieren. Was Kirche tut, spricht viele Menschen nicht mehr an. Wie kommt das? Und was soll stattdessen zukünftig ganz grundlegend kirchliche Aktivitäten und Konzepte prägen? Darum geht es in der fünften Überlegung.

Kirchliche Handlungs- und Sozialformen sind Hervorbringungen der Kirche als Handlungsgemeinschaft. Sie fallen nicht vom Himmel und sie sind auch nicht für die Ewigkeit gemacht, sondern für ihre jeweilige Zeit. Ändern sich die Zeiten, ändern – lebendige – Kirchen ihre Handlungsformen. Tote Kirchen verharren in Erstarrung.

Die Ausweitung kirchlicher Aktivitäten

Von der Reformation bis ins 18. Jahrhundert, als die Kirchengemeinden mit der meist konfessionell homogenen Ortsgemeinde in symbiotischer Verbindung lebten, war das Feld kirchlicher Aktivitäten überschaubar. Es beschränkte sich weitgehend auf die sogenannten Amtshandlungen: Sonntags und in den Städten auch an Werktagen wurden Gottesdienste abgehalten, während der Woche fand der kirchliche Unterricht statt, Menschen wurden kirchlich beerdigt, verheiratet und getauft. Diakonische Aktivitäten gab es nur wenige.

Das änderte sich im 19. und vor allem im 20. Jahrhundert. Die Bevölkerung mischte sich konfessionell, zunächst aufgrund von Industrialisierung und Verstädterung, dann aufgrund des Zweiten Weltkrieges. Die Menschen zogen in die Städte, die Kirchengemeinden wuchsen zu unüberschaubarer Größe. Der Bezug der Menschen zur Kirche musste nun aktiv hergestellt werden. Neben die Kirchen wurden Gemeindehäuser gebaut, wo während der Woche die Gemeinde zu Bildungszwecken und diakonischen Aktivitäten gesammelt wurde. Zunächst waren diese Veranstaltungen ständisch ausgerichtet. Männer, Frauen, junge Männer, junge Frauen, Kinder trafen sich in Gruppen. Kirchenchöre und christliche Gewerkschaften kamen hinzu. Konfessionelle Sportvereine waren bis nach dem Zweiten Weltkrieg gängig.

Bereits Ende der 1940er, Anfang der 1950er Jahre bemerkte man, »die Welt ist anders geworden« (Eberhard Müller 1953) und schloss daraus, dass auch die kirchliche Arbeit sich weiterentwickeln müsse, hin zu neuen Formen des Handelns – z. B. zur Diskussion in der Gruppe als neuer Form der Verkündigung –, vor allem aber in einer neuen Ausrichtung auf die Menschen. Nicht mehr ständisch, sondern an anderen Kriterien orientiert, vor allem am Beruf, an Interessen und Bedürfnissen oder auch an Themen.[1]

Seit den 1960er Jahren ist auf allen Ebenen landeskirchlicher Arbeit eine verstärkte zielgruppen- und themenspezifische Differenzierung der Aktivitäten und eine erhebliche Intensivierung der seit dem 19. Jahrhundert bestehenden Arbeitszweige der freien Werke und Verbände zu beobachten.

Zu *Zielgruppen* kirchlichen Handelns werden nun – manche verstärkt, manche erstmals – Alte, Junge, Eltern, Pflegeeltern, Adoptiveltern, Alleinerziehende, Kinder (differenziert nach verschiedenen Altersstufen, vom Säugling über Krabbelalter, Kindergartenalter, Grundschulalter, Jugend, junge Erwachsene), Familien, Singles, Erwachsene, Schüler, Studenten, Frauen, Männer, Arbeiter, Handwerker, Landwirte, Unternehmer, Akademiker, Sängerinnen und Sänger, Kriegsdienstverweigerer und Soldaten, Straffällige und Opfer von Straftaten, Arbeitnehmer und Arbeitgeber, Unfallopfer und Rettungskräfte, Arbeitslose, Obdachlose, Ausländer, Aussiedler, Asylsuchende, Flüchtlinge, Ausgewanderte, im Ausland Arbeitende oder Lebende, ausländische Arbeitnehmer, Motorradfahrer, Schausteller, Kranke, Suchtkranke, psychisch Kranke, Schwerhörige, Gehörlose, Blinde, Selbstmordgefährdete, Kurgäste, Urlauber, Seeleute, Binnenschiffer, fahrendes Landvolk, Gefangene, Polizisten, Zoll- und Grenzschutz etc.

Neben der Zielgruppenorientierung lässt sich eine *Differenzierung nach Themen* ausmachen: Mission, Frieden, Gerechtigkeit, Umwelt, Weltanschauungsfragen, Kirche und Judentum, Sport, Islam etc.

Aus kirchlichen Aktivitäten werden Angebote

Mit dieser Ausdifferenzierung kirchlichen Handelns wollte man auf Interessen und Bedürfnisse der Menschen eingehen, an ihren Fragen und Problemen anknüpfen, sie »erreichen«. Doch, wie bereits Zeitgenossen feststellten, es war nicht ganz einfach, die Bedürfnisse der Menschen überhaupt zu erfassen. Deshalb kommen sie zwar theoretisch in den Blick, in der Praxis wird aber faktisch *von Innen nach Außen* gedacht. Kirchliche Mitarbeitende überlegen, was für die Menschen »draußen« interessant oder nötig zu wissen, zu erfahren, zu tun sein könnte. Die Ergebnisse sind *anbieterorientiert*, und vor allem: kirchliches Handeln, kirchliche Aktivitäten werden jetzt als »Angebot« verstanden.

Mit Blick auf den theologischen Ansatz bei Auftrag und Sendung der Kirche, der betont, dass Jesus Christus Herr nicht nur über die Kirche, sondern die ganze Welt

---

1   Zu den theologischen Hintergründen dieser Entwicklung vgl. Schramm, Kirche als Organisation gestalten, 244–257.

sei, bemerkt Gerhard Sauter bereits 1971 sarkastisch, der Anspruch der Kirche auf Repräsentanz in der Welt und auf Weltveränderung führe dazu, dass sich, wenn die »Angriffslust geschwunden ist … die Mentalität von Vertretern ein(stellt), die nun auf ihre Weise den Auftrag mit einem Warenangebot verwechseln, mit dem man werbend von Tür zu Tür ziehen kann, die Unwissenden belehrend und die Zufriedenen von ihrer Bedürftigkeit überzeugend.«[2]

Ernst Lange zieht 1974 aus dem Scheitern der Kirchenreform die Konsequenz, Kirche müsse entlang von »Lebenszyklusproblemen« nun »Bildungsangebote« im Sinne einer »Korrelation von Frage und Antwort, von Bedürfnis und Angebot« machen.[3]

Die EKD-Studie »Christsein gestalten« (1986) empfiehlt, auf die Pluralisierung der Mitgliedschaftsbeziehungen mit einer »differenzierten Angebotspalette«, gar mit einer »Erweiterung der Angebotspalette« zu reagieren. Die Gabe des Evangeliums wird operativ zum Angebot der Kommunikation und Partizipation an diejenigen, die noch nicht aktiv am Gemeindeleben teilnehmen (an die sog. Weihnachtschristen, Randsiedler, Distanzierten etc.). Die Kirchenmitglieder erscheinen als »Konsumenten«, das »Reifestadium« gläubiger Existenz ist die »Mitarbeit« in der Kirchengemeinde.[4]

In betriebswirtschaftlicher Perspektive erscheint die Zielgruppendifferenzierung als Marktsegmentierung. Lange bevor in den 1990er Jahren die Diskussion darüber begann, ob Kirche ein Unternehmen sei und eine Ökonomisierung der Kirchen stattfinde, schlich sich ein Marktmodell von Angebot und Nachfrage ungeprüft in das kirchliche Handeln ein, das die Kirchen als ökonomische Akteure versteht. Inwieweit darin Gedanken eines für die Betriebswirtschaftslehre der 1960er Jahre typischen Absatzmarketings Eingang in das kirchliche Denken gefunden haben, wäre genauer zu untersuchen. Eine Rolle mag auch der berühmte Aufsatz von Peter Berger aus dem Jahr 1963 »A Market Model for the Analysis of Ecumenicity« gespielt haben, der die Entwicklung der nordamerikanischen Denominationen mithilfe eines Marktmodells zu verstehen sucht und dabei voraussetzt, dass Kirchen wie ökonomische Akteure handeln.

Die zielgruppen- und themenspezifischen Angebote ähneln sich und sind in hohem Maße *standardisiert*: Geburtstagsbesuche bei alten Menschen, Kasualien, Gottesdienste (zur gleichen Zeit in gleicher Form und ästhetischer Anmutung an vielen Orten), Gemeindeabende nach vorgefertigten Mustern, Konfirmandenarbeit nach fertigen Entwürfen, Konzerte, Gemeindefeste, jährlich wiederkehrende thematische und zielgruppenspezifische Veranstaltungen.

Die Mitglieder werden zu »Konsumenten« von »Angeboten«. Der unmittelbare Kontakt zu den Menschen lockert sich. Die Angebote folgen der Funktionslogik der eigenen Einrichtung bzw. Parochie. Werden sie nicht angenommen, sucht man die Ursachen bei den Mitgliedern (Traditionsabbruch, Säkularisierung, Unkirchlichkeit, keine Lust, sich mit Religion, Gott etc. auseinanderzusetzen), wodurch das eigene System stabilisiert wird und nicht verändert zu werden braucht.

---

2 Sauter, Planungseifer ohne Theorie, 188.
3 Lange, Bildung als Problem und Funktion der Kirche, 191.
4 Vgl. Christsein gestalten, 110–112.

Auf die Erschütterung durch sprunghaft gestiegene Kirchenaustritte seit Ende der 1960er Jahre – die sinkende »Bindungskraft« – und die nachlassende Resonanz auf ihre »Angebote« reagieren die Kirchen mit einer Perfektionierung und Ausweitung des Angebots nach dem Muster »mehr desgleichen«. Themen- und zielgruppenspezifische Angebote werden in steigender Zahl in den immer kleinräumigeren Parochien und immer zahlreicheren Gemeindehäusern der seit Ende der 1960er Jahre schrumpfenden Mitgliedschaft angeboten – und zwar gegenläufig zur Entwicklung der Gemeindegliederzahlen und der verfügbaren Kaufkraft. Bis Ende der 1990er Jahre wurden jährlich mehr Gottesdienste gefeiert, mehr Gruppen und Kreise angeboten, mehr Veranstaltungen und Konzerte durchgeführt, mehr Gemeinden zu selbständigen Parochien, mehr Kindertagesstätten und diakonische Beratungs- und Betreuungseinrichtungen gegründet, mehr Kommunikation durch Gemeindebriefe (und später durch Homepages und soziale Netzwerke) angestrebt. Trotz rückläufiger Gemeindegliederzahlen und Finanzen wurde die Strategie des noch mehr, noch intensiver, noch kleinräumiger, noch dichter vorangetrieben, auch nachdem ihr seit Mitte der 1990er Jahre schrumpfende finanzielle und personelle Mittel sukzessive den Boden entzogen.

Die Folgen dieses Handlungsmusters sind allerdings je länger desto mehr unbefriedigend. Wie ein Pfarrer es in einem Pfarrkonvent kürzlich formulierte: »Wir machen immer mehr und es bringt immer weniger.« Es gilt das »Gesetz des abnehmenden Mehrertrags.« Angebote werden oft nur noch von kirchlichen Mitarbeitenden und dem harten Kern der Kerngemeinde wahrgenommen. Es kommt zu Erstarrung und qualitativem Leerlauf. Eine Wirkungsanalyse des eigenen Tuns unterbleibt, weshalb sich auch nur schwer einschätzen lässt, wie wirksam diese Strategie war.

Nicht mehr in Angeboten denken

Die Kirche von Morgen lässt sich nicht mit den Konzepten von gestern bauen. Die Trägermilieus der bisherigen Sozialformen von Kirche werden älter und nehmen ab. Neue, junge Milieus lassen sich für die bisherigen »Angebote« und Gruppen kaum noch gewinnen. Die Kirche der Gruppen und Kreise passte zum Leben der Menschen in den 1950er bis 1980er Jahren. Für Menschen, die anders leben, muss Kirche anders sein.

Von der Proexistenz zur Konvivenz

Im Hintergrund der funktional-differenzierten Kirchengestalt steht das Modell einer »Kirche für andere«. Dieses Modell neigt dazu, dass sich der Helfende als der Wissende und Überlegene denkt und »den anderen« zum Objekt seiner Fürsorge und Verkündigung macht, aber nicht zum »Partner im gemeinschaftlichen Handeln.«[5]

Erwägenswert erscheint deshalb eine Entwicklung hin zu einem Kirchenmodell der »Konvivenz« als der Leitvorstellung in der Integrations- und Assoziationsphase.

---

5 Sundermeier, Konvivenz als Grundstruktur ökumenischer Existenz heute, 64.

Konvivenz meint eine Kirche *mit* anderen. Konstitutiv für den Begriff der Konvivenz sind sein ursprünglicher Kontext in der Erfahrung der Armen und die »drei Elemente der *gegenseitigen* Hilfe, des *wechselseitigen* Lernens und des *gemeinsamen* Feierns.«[6] Oder in der hier verwendeten Terminologie: In der Kirche mit anderen sind darstellendes (gottesdienstliches Handeln) und wirkendes Handeln (Hilfe-, Bildungs-, Gerechtigkeitshandeln) die Formen, in denen sie in ihrem Lebensraum lebt, mit ihm in Interaktion tritt, auf ihn einwirkt, ihn verändert und von ihm verändert wird. Es sind die Formen, in denen sie Kirche mit anderen ist.

Von der »lebendigen Gemeinde« zur »Gemeinde *mit* anderen«

Das bisherige Leitbild der lebendigen Gemeinde[7] verdankte sich der Absicht, in einer städtischen, durch Dissoziation gekennzeichneten *Gesellschaft* kirchlicherseits die Menschen zu assoziieren, mit dem Ziel einer konfessionellen *Gemeinschaft*, die sich im Gemeindehaus trifft. Reiner Bucher hat pointiert formuliert, die lebendige Gemeinde werde sich selbst zum Ziel. Das Leitbild der lebendigen Gemeinde benenne »weder Ziel noch Zweck der Verlebendigungsbemühungen und selbst jene, die sie leisten sollen, werden nicht erwähnt. Nicht die Sozialform steht im Dienst der Gläubigen, sondern diese im Dienst der Sozialform.«[8]

Ziel kirchlicher Organisation ist aber nicht sie selbst, sondern die Kommunikation und Praxis des Evangeliums für und mit den Menschen, damit sie von der befreienden und versöhnenden Kraft des Evangeliums hören und diese, fragmentarisch und in aller Zweideutigkeit, erfahren. Es geht um die Lebendigkeit der Menschen, nicht um die Lebendigkeit einer kirchlichen Organisationseinheit. Deshalb geht der Weg vom Leitbild der lebendigen Gemeinde zum Leitbild einer Gemeinde mit den Menschen.

Die Gemeinde mit anderen ist die in die Lebenswelt und auch in den Raum kirchlicher Organisation hinein vernetzte Gemeinde. Um der wechselseitigen Hilfe, der gemeinsamen Arbeit an Gerechtigkeit, des wechselseitigen Lernens und der gemeinsamen Feier mit den Menschen willen, ist sie Gemeinde mit anderen Gemeinden, funktionalen Diensten und nichtkirchlichen Gruppen und Organisationen.

An Auftrag und Lebenswelt orientieren

In der Differenzierungsphase halten die Kirchen viele Angebote vor, um Menschen zu »erreichen«, das heißt, in die eigenen Strukturen zu deren »Verlebendigung« einzugliedern. Dieses Eingliederungsparadigma kostet und bindet viel Kraft und funktioniert nur bedingt. Es wirft theologische Fragen auf, weil Kirche selbstbezüglich, von sich aus und auf sich hin, denkt.

---

6 Ebd., 66.
7 Vgl. Schramm, Kirche als Organisation gestalten, 154–173.
8 Bucher, …. wenn nichts bleibt, wie es war, 46.

In Zukunft denkt Kirche nicht mehr von sich, sondern von der »Welt« her. Gemeinden fragen nicht: welches Angebot müssen wir machen, damit die Menschen zu uns kommen und im Optimalfall bei uns »mitmachen«, sondern: Wie antworten wir auf unseren lokalen, regionalen, überregionalen Kontext? Was für eine Kirche wird hier gebraucht? Wie verorten, wie positionieren wir uns – von unserem Glauben, vom Evangelium her?

Statt von der Kirche zur Welt hin zu denken, wird von der Welt auf die Kirche hin gedacht: wie wollen wir als Kirche auf die sozialen und politischen Entwicklungen in unserer Kommune, unserer Region reagieren? Wie können wir die Bedürfnisse und Nöte der Menschen aufnehmen und *mit* ihnen zusammen damit umgehen? Kirche denkt und gestaltet sich nicht mehr von innen nach außen, sondern von außen nach innen.

Das heißt: nicht die – »unkirchlichen« – Menschen »draußen« sollen umkehren zur Kirche, sondern die Kirche kehrt um zu den Menschen, unter und mit denen sie lebt; sie wendet sich der Welt zu – wie Gott es in Christus getan hat. An dieser Zuwendung Gottes zur Welt partizipiert die Kirche.

Nicht mehr die bestehenden Sozialformen und der Wunsch sie zu erhalten und zu »verlebendigen« sind der normative Horizont kirchlichen Handelns, sondern die Frage, welche Kirche hier gebraucht wird und wie hier an diesem Ort Kirche mit den Menschen sein könnte.

Vom Profil zur Relevanz

Die bisherige Angebotsorientierung warf aufgrund der Verwechselbarkeit kirchlicher Angebote in der Spätphase des Differenzierungsmodells die Frage nach ihrem Profil auf. Die Kirchen haben jedoch weniger ein Profil- als ein Relevanz- und Resonanzproblem. Hinter dem Profilbegriff steht die Frage nach Identität im Sinne von »Alleinstellungsmerkmalen«, die kirchlichen Angeboten bessere Vermarktungschancen bieten sollen. Hinter den Begriffen Resonanz und Relevanz steht die Frage nach dem Verhältnis von Kirche und Lebenswelt.

Die Wahrnehmung der kirchlichen Resonanzkrise und die Orientierung nicht am Angebots- und Profil-, sondern am Relevanzbegriff weiß: Das Evangelium lässt sich nur im Dialog mit Sozialräumen und Lebenswelten entdecken, im Dialog mit den Menschen, die sich in diesen sozialen Räumen und Lebenswelten bewegen. Nur dialogisch lernen Kirchen die Welt kennen, für die Christus gelebt hat und gestorben ist und auf die er fragend zugegangen ist: Was willst Du, das ich Dir tun soll? (Lk 18,41). Nur als Teil der Lebenswelt werden sie relevant für die Menschen.

Lebensweltorientierung konkretisiert sich neben der Wahrnehmung der Lebensräume der Menschen vor allem in der Wahrnehmung der Menschen als Subjekte ihrer Religion und ihrer Kirche. Deshalb geht die Entwicklung von »Angeboten *für* Mitglieder und Nichtmitglieder« hin zur Entwicklung von Konzepten darstellenden und wirkenden Handelns *mit* den Menschen, des Theologisierens *mit* den Menschen, der Entwicklung von kirchlichen Sozialformen und Lebensgestalten *mit* den Menschen. Methodisch bedeutet dies: Wahrnehmung von Außenperspektiven – bis hin zu Konsultationen oder Befragungen (vgl. Teil II Kapitel 2).

Was tun wir warum und wozu?

Für die Konzeptentwicklung grundlegend ist des Weiteren die Frage »Was tun wir warum und wozu?« In einer Kirche kann diese Frage nur beantwortet werden, indem sie sich fragt, was eigentlich ihr Auftrag ist, was sie soll – und zwar an ihrem je konkreten Ort. Was Kirche hier und jetzt soll, findet sie heraus, wenn sie sich und ihre Lebenswirklichkeit in den Kontext der Geschichte Gottes mit den Menschen stellt und so beides entdeckt: Evangelium und Leben.

6. Wahrnehmung: Von der Auslegung des Textes zur biblischen Relecture der Wirklichkeit

Entdecken!
Evangelium und Leben.

Sind es auftrags- und lebensweltorientierte Konzepte, die Relevanz und Resonanz versprechen, dann fragt sich, wie Auftrag und Lebenswirklichkeit im Prozess der Konzeptentwicklung aufeinander zu beziehen sind. Dem denkt die sechste Überlegung nach. Soll Gottes Handeln nicht nur in der Predigt und im Unterricht eine Rolle spielen, sondern auch in der Leitungsarbeit, soll Christus der Steuermann des Kirchenschiffes sein, wie können dann Spiritualität und theologische Reflexion in den Entscheidungsfindungsprozess implementiert werden? Vorschlag: Indem die jeweilige Lebenswirklichkeit in den Kontext von Gottes Handeln gestellt und so neu »gelesen« wird.

Alles Handeln ist durch vorgängige Wahrnehmung bestimmt. Neues Handeln beginnt mit veränderter Wahrnehmung (vgl. Röm 12,2; Phil 1,9f). Kirchliche Wahrnehmung ist gekennzeichnet durch das Einstimmen in das Handeln Gottes und eine biblische Relecture der Wirklichkeit.

Weltwahrnehmung aus Glaube, Liebe, Hoffnung

Wie Kirche selbst hat auch kirchliche Leitung ihren Grund im worterschließenden Wirken Gottes des Heiligen Geistes. Insofern ist kirchliche Leitung eine Leitung aus Glauben. Es ist der Heilige Geist, der die Kirche schafft und leitet, aber nicht durch unmittelbare Weisung, was in einer konkreten Situation zu tun wäre, sondern durch das Wort und die Auslegung des Wortes. Die Auseinandersetzung mit dem in den biblischen Schriften bezeugten Wort ist die Basis kirchlicher Leitung, also kirchlicher Strategie- und Konzeptentwicklung.

Soll kirchliches Handeln lebenswelt- *und* auftragsorientiert sein, dann müssen Lebenswirklichkeit und Glauben zusammenkommen. Dabei spielen die Geschichten, die die Bibel erzählt, eine entscheidende Rolle – und vor allem, wie mit ihnen umgegangen wird im Prozess der Entscheidungsfindung.

Der hermeneutische Ansatz theologischer Arbeit versucht, die alten, fremden Texte der Bibel für die neue Gegenwart modern, relevant und anwendbar zu machen.[1] Er unterscheidet Bedeutsames und Unbedeutsames und fragt danach, wie das Bedeutsame der alten Texte heute ›zur Sprache kommen‹ kann. Der Gottesdienst soll demgemäß den Brückenschlag zwischen damals und heute leisten. Der Prediger soll die Inhalte der Bibel in die Lebenssituation der Menschen so hinein sagen, dass sich deren Bedeutung für heute den Hörenden erschließt. Dieser Ansatz tendiert zu der Vorstellung, das Bedeutsame sei gleichbleibend, Gott zeitlos und der Glaube ein Vermittlungsproblem. In Leitungsprozessen kommt dieser Ansatz schnell an seine Grenzen. Theologie fungiert dann als Normenlieferantin, die deduktiv agiert und für die Entscheidungsfindung nicht wirklich etwas beizutragen hat. Sie wird ortlos.

In der gerade beginnenden Epoche der Kirchenentwicklung geht es weniger darum, alte Texte ›relevant‹ zu machen, als vielmehr darum, die Gegenwart mit ihren Rätseln, Nöten und Problemen gegenüber den alten Texten relevant und durchsichtig zu machen. Es geht um eine andere Wahrnehmung von Wirklichkeit.

Entdecken: Evangelium und Leben

Bei einer analytisch resp. induktiv vorgehenden Theologie richtet sich die Aufmerksamkeit primär auf heute Gesagtes und Geschehendes. Es wird nicht nach dem gleichbleibend Bedeutsamen gefragt, sondern nach der Brauchbarkeit und Nützlichkeit von Aussagen. »Die Entdeckung des Evangeliums geschieht im Vorgang der Analyse der gegenwärtigen Situation, einer Gegenwartsfrage oder -lage, die ihrerseits auf ihre ›Relevanz‹ zu dem im Gottesdienst gefeierten und erinnerten Gott befragt wird. Die Entdeckung ist ein ›Wiedererkennen‹, in dem die Gegenwart in neuem Licht erscheint.«[2]

Das bedeutet für kirchliche Selbstgestaltung: Nicht erst die strategische Zielfindung, bereits die Wahrnehmung von Welt- und Kirchenwirklichkeit wie sie für alle Leitungsarbeit und auch die Konzeptentwicklung konstitutiv ist, geschieht in wechselseitiger Verschränkung von Tradition und Situation, durch die »ineinander verwobene Lektüre der überlieferten Glaubenstexte und des heutigen Lebenskontextes.«[3] Die Wahrnehmung von Kirche und Umwelt geschieht durch die »Interpretation des Evangeliums im Horizont der Welt und der Interpretation der Welt im Horizont des Evangeliums.«[4]

Die Interpretation des Evangeliums im Horizont der Welt kann so gedacht werden, dass die Lebenswelt die Frage darstellt, auf die die christliche Botschaft antwortet.[5] Wichtiger in unserem Zusammenhang ist es, dass durch die Wahrnehmung der Welt im Horizont des Evangeliums, die Wahrnehmung der Welt in der Perspektive von Glaube, Liebe und Hoffnung deren Fragwürdigkeiten, Beschädigungen und Probleme

---

1 Vgl. Ritschl, Logik der Theologie, 135.
2 Ritschl, Logik der Theologie, 134f.
3 Vgl. Zulehner, Pastoraltheologie Bd. 2, 75.
4 Schwöbel, Kirche als Communio, 431.
5 So Tillichs Methode der Korrelation; vgl. Ders., Systematische Theologie Bd. 1, 73ff.

überhaupt erst bewusst werden, so dass sich erst in dieser Perspektive Fragen stellen, die sonst unentdeckt blieben. »Der Glaube gibt Gott, Welt und Mensch auf eine neue Weise zu verstehen ... . Aber er deutet und interpretiert damit nicht nur, sondern gibt etwas zu sehen, zu fühlen und wahrzunehmen, was sonst nicht gesehen, gefühlt und wahrgenommen würde, obwohl es da ist.«[6]

Wie geschieht nun solche aufdeckende und entdeckende Wahrnehmung aus dem Glauben? Dietrich Ritschl spricht von »Verifikation durch Wiedererkennen«. »Mit dem Begriff Wiedererkennen ist der Vorgang der induktiven Erkenntnis gemeint, mit der ein gegenwärtiges Problemfeld oder eine Aufgabe mit latent im Gedächtnis der Kirche liegenden Elementen verbunden wird.« Die »Anlässe« für ein Wiedererkennen biblischer Stories oder Motive liegen in der gegenwärtigen Situation der Gläubigen, eines einzelnen, einer Gruppe oder einer ganzen Kirche. »… wer Anlaß-los lebt, sich der Dynamik und Tragik konkreten Lebens entzieht, der wird die Tradition und die Bibel nicht verstehen, sollte er sie auch noch so intensiv studieren.« Die direkte, prophetische Anwendung einer Bibelstelle oder eines Traditionselements auf die je aktuelle Situation ist die Ausnahme; »der Alltag aber ist die Offenheit zum Wiedererkennen und Neuverstehen latent gewußter und vertrauter Einzel-Stories beim Erlebnis eines Anlasses. Der Anlass ist der Moment der ›Offenbarung‹ … .«[7]

Im Blick auf biblische Texte wird also nicht gefragt »was will uns der Text heute sagen?«, sondern: was sagt uns die Situation im Licht des Textes? Was erkennen wir, wenn wir die Situation in den Kontext der Geschichte Gottes mit den Menschen stellen, wie sie sich in biblischen Geschichten, Motiven und Glaubenssätzen spiegelt?

Biblische Relecture von Wirklichkeit

Werden die Beobachtungen, die die Gläubigen im Sozial- und Lebensraum der Menschen machen, in den Kontext der Geschichte Gottes mit der Welt gestellt und von hier aus »neu gelesen«, hat dies eine andere Wahrnehmung der Wirklichkeit zur Folge. Es kommt nicht zu einem Übersehen von Wirklichkeiten, sondern zu ihrer besonders genauen, aber anderen Wahrnehmung. Wird Weltwirklichkeit durch das Handeln Gottes kontextualisiert, fällt ein anderes Licht auf sie und anderes wird sichtbar.[8]

Beispiele dafür finden sich in der Bibel selbst, etwa in Sprüche 22,2: »Reiche und Arme begegnen einander; der Herr hat sie alle gemacht.«

Die Wirklichkeit, dass es Arme und Reiche gibt, wird wahrgenommen und beschrieben. In der zurückhaltenden Formulierung »begegnen einander« schwingen die zahlreichen Fragen und Probleme im Verhältnis von Armen und Reichen mit. Ihr Verhältnis ist sowohl politisch als auch auf einer persönlichen Ebene vielschichtig

---

6 Härle, Dogmatik, 181.
7 Alle Zitate: Ritschl, Logik der Theologie, 106f.
8 Vgl. Ps 36,10: »In deinem Lichte sehen wir das Licht.« Hinweise auf Ps 36,10 und Spr 22,2 bei: Haas, Unternehmen für Menschen, 34f.

und spannungsgeladen. Sprüche 22,2 konfrontiert diese Wirklichkeit mit dem Glaubenssatz, dass Gott der Schöpfer ist, der beide, Arme und Reiche, geschaffen hat.

Die Konfrontation von Weltwirklichkeit (Arme und Reiche) mit der Erinnerung an Gott, den Schöpfer, führt nicht unmittelbar zu Handlungsanweisungen. Vom Gewahrwerden des Handelns Gottes als Schöpfer aus erscheint zunächst die Wirklichkeit in neuem Licht. Sichtbar wird: Dem Gegensatz arm und reich liegt eine Gemeinsamkeit zu Grunde: beide sind von Gott geschaffen. Die Einsicht, dass Menschen allen sichtbaren Unterschieden zum Trotz diese grundlegende Gemeinsamkeit haben, wird dann freilich für das wirklichkeitsgestaltende Handeln der Gläubigen nicht ohne Wirkung bleiben. Die neue Sichtweise verändert die Wahrnehmung, provoziert die Entdeckung neuer Möglichkeiten und ermöglicht so anderes Handeln.

Die Gläubigen stimmen ein in den Glaubenssatz, dass Gott der Schöpfer allen Seins ist, auch der Schöpfer von Armen und Reichen. Einzustimmen in das Handeln Gottes (homologein) ist ein Bekenntnisakt, in dem sich die Geister scheiden (zur »Unterscheidung der Geister vgl. 1 Joh 4, 1-6; 1 Kor 12,10). Sie sind bereit, mit dieser »Lehre«, dass Gott der Schöpfer ist, in die Wirklichkeit der Menschen und sozialen Räume hineinzugehen und sie in diesem Licht wahrzunehmen.

Siegfried Klostermann formuliert den Zusammenhang von Glaube und Weltwahrnehmung mit Blick auf diakonische Träger: »Entstanden aber sind sie, weil Christen die Armen, Schwachen, Alten, Kranken, Behinderten, die Sterbenden und die Toten mit anderen Augen sehen. Das ist ihr Sinn. Sie sehen in ihnen Christus selbst, der sich mit den Armen, Schwachen, Alten, Kranken, Behinderten, Sterbenden und Toten identifiziert und an dem Umgang mit ihnen die endgültige Bewährung christlichen Lebens festgemacht hat: Was ihr für einen meiner geringsten Brüder getan habt, das habt ihr für mich getan. Was ihr für einen dieser Geringsten nicht getan habt, das habt ihr auch mir nicht getan. (Mt 25,40.45).«[9]

In der Kontextualisierung der Wirklichkeit durch das Handeln Gottes, wie es in den biblischen Geschichten aufleuchtet, wird nicht gesagt, was getan werden soll, sondern was Welt und Menschen sind: geliebte Geschöpfe, gerechtfertigte Sünder, versöhnte Verschiedene, zur Freiheit Befreite – und was Gott ist und tut: versöhnen, erlösen, befreien, neue Lebensmöglichkeiten eröffnen, am Ende sein Reich herbeiführen. Gott wirkt auf die Durchsetzung seiner Gerechtigkeit und seines Friedens hin.

Aus dieser Lektüre der Wirklichkeit können keine unmittelbaren Entscheidungen abgeleitet werden. Aber womöglich führt die Spannung zwischen der eschatologischen Verheißung des Reiches Gottes und der Weltwirklichkeit zu größerer Realitätsnähe und vertieftem Problembewusstsein.[10] Vor allem: diese Sichtweise von Wirklichkeit provoziert neue Ideen, neue Möglichkeiten des Handelns. Diese Handlungsoptionen sind dann kritisch zu bedenken in einem Prozess ethischer Entscheidungsfindung, in dem in rationalem Diskurs auch Gründe für eine Entscheidung genannt werden müssen.

---

9   Klostermann, Management im kirchlichen Dienst, 23.
10 Darauf weist Ritschl, Logik der Theologie, 174, hin.

Ritschl versteht theologische Ethik als das »absichtliche Suchen nach dem Wiedererkennen biblischer (und späterer) Traditionselemente in der gegenwärtig erlebten ethischen Problemsituation.« Diese »generelle Suche« im Unterschied zum ethischen Einzelargument konkretisiert sich in dem, was er die Korrespondenzfrage nennt: »inwiefern korrespondieren mein Handeln, meine Entscheidungen, meine Maximen, den zentralen biblischen Stories?«[11]

Entscheidungsfindung

Aus dem bisher Gesagten ergibt sich folgende Vorgehensweise bei der Entscheidungsfindung in Leitbild- und Konzeptentwicklungsprozessen:

- Wahrnehmung des Lebenszusammenhangs (Analyse)
- Entdeckungs- bzw. Möglichkeitszusammenhang (Reflexion)
- Begründungszusammenhang, Entscheidung (Welche Argumente tragen, welche müssen ausgeschieden werden?).

Diese Vorgehensweise wird hier erläutert. Sie werden sie bei der Lektüre von Teil II in den Kapiteln 2 und 4 als methodische Schritte wiederfinden. Weil sie ungewohnt ist, bedarf ihre Anwendung der kritischen Beobachtung und Reflexion.

Analyse: Wahrnehmung des Lebenszusammenhangs

Zunächst geht es darum, den Sozialraum und die Lebenszusammenhänge in ihm zu erkunden. Was bestimmt den Sozialraum? Welche Menschen leben hier? Wie leben sie? Was prägt sie?

Unterschiedliche Wahrnehmungen und Sichtweisen werden zusammengetragen. Es geht um eine Einschätzung der gesellschaftlichen Wirklichkeit vor Ort, nicht nur aufgrund eigener Erfahrungen, sondern auch in der Perspektive der Menschen, die hier leben.

Reflexion: Entdeckungs- und Möglichkeitszusammenhang

Der nächste Schritt beschäftigt sich mit den Fragen: Wie deuten wir die aktuelle Lage im Licht des Evangeliums? Welcher biblische Text fällt uns ein zu der Wirklichkeit, die wir beobachten? Welches Licht fällt durch die biblischen Texte oder durch Glaubenssätze auf die Situation?

Wenn wir die Situation in den Kontext des Handelns Gottes stellen wie es uns die biblischen Geschichten erzählen, was könnte und sollte dann in unserem Handeln anders sein und werden, etwa im Vergleich zu dem, was früher und bisher unser Tun

---

11 Ebd. 108.

und Lassen prägte? Wo sind wir als Christinnen und Christen von unserem Glauben her zum Handeln herausgefordert? Wie schreiben wir die Geschichten der Bibel in unserem Leben weiter? Wie kommen ihre Motive in unserem Handeln zur Geltung? Was für eine Kirche brauchen die Menschen, die hier leben? Für welche Menschen wollen wir zukünftig mehr da sein?

Wichtig ist auch zu fragen: was entspricht dem Handeln Gottes nicht? Was dürfen wir unter keinen Umständen tun?

Diese Fragen wollen gemeinsam reflektiert werden, um Möglichkeiten des Handelns zu entdecken und Klarheit zu gewinnen. Das braucht Zeit und eine Methode gemeinsamen Entscheidens.

Unterscheiden in Gemeinschaft/Begründungszusammenhang

Welche Handlungsoptionen, welche Idee ausgewählt, welcher mögliche Pfad verfolgt werden soll, zeigt sich wiederum, wenn die entdeckten Möglichkeiten mit dem Handeln Gottes konfrontiert werden.

Für die Entscheidung ist dabei ein melioristischer Ansatz hilfreich, also die Frage nach dem »mehr« wie man sie aus der ignatianischen Tradition kennt: Welche Handlungsmöglichkeit schreibt in der jeweiligen Situation die Glaubensgeschichten der Bibel am deutlichsten weiter und bringt die Motive des Glaubens deutlicher zum Ausdruck? Welche Menschen brauchen am meisten Hilfe, Gerechtigkeit, Bildung? Was eröffnet am ehesten neue Lebensräume und lässt neuen Lebensmut schöpfen?

Und wenn eine Handlungsoption ausgewählt wurde, stellen sich Fragen wie diese: Wie müssen wir unser Konzept ausgestalten, damit es mehr dazu beiträgt, dass Menschen Stärkung erfahren, Befreiung, Hilfe, Gerechtigkeit? Damit es die Glaubensgeschichten der Bibel deutlicher weiterschreibt? Damit wir mehr beitragen zu einem guten Leben und Zusammenleben der Menschen im Sozialraum?

Bei der Begründung von Entscheidungen werden aber immer auch andere Grundannahmen eine Rolle spielen, zum Beispiel über die Zusammenhänge in einem System, die Wirkursachen eines Problems, die möglichen Auswirkungen konkreter Handlungsweisen, ihre Chancen und Risiken. Damit im Entwicklungsprozess von Kirche auch diese Prämissen im Blick bleiben, bedarf ihre kontinuierliche Reflexion einer Verankerung im Leitungskonzept. Das Kapitel über Kirchen-Controlling am Ende des Buches gibt dazu Hinweise.

Erneuerung aus dem Ursprung

In kybernetischer Perspektive haben die Überlegungen dieses Kapitels deshalb entscheidende Bedeutung, weil an einer Weltwahrnehmung aus dem Glauben die Erfüllung des Auftrages der Kirche hängt. Ohne den Mut, die Welt mit den Augen Christi zu sehen, die Kirche in der Perspektive ihres Grundes, ihrer Gestalt und Bestimmung wahrzunehmen, wird kirchliche Organisation und wird das Handeln der Christinnen und Christen ebenso orientierungslos wie nichtintegrierend nach innen und nicht-identifizierbar nach außen bleiben.

Umgekehrt sind solche Prozesse des Wahrnehmens, Unterscheidens und Handelns kirchenbildend, weil der Rückbezug auf Gottes Handeln und die Feier seiner Gegenwart eine gemeinsame spirituelle Grundlage hervorbringt. Die Relecture konstituiert die Gemeinschaft der Gläubigen neu als creatura verbi und gibt ihr Identität. Die Frage »wer sind wir?« beantwortet sich auch durch die gemeinsame Lektüre der Wirklichkeit im Licht der biblischen Geschichten.

Ohne eine solche geistliche und theologische Besinnung bleiben Gemeinden, Regionen, Kirchenkreise Trends und Logiken ihrer Umwelt oder ihren eigenen bisherigen Denk- und Handlungsmustern ausgeliefert. Es gilt stattdessen neu zu lernen, was es heißt: »Gleicht Euch nicht dieser Welt an, sondern wandelt euch durch Erneuerung eures Denkens, damit ihr prüfen und erkennen könnt, was der Wille Gottes ist, das Gute und Wohlgefällige und Vollkommene.« (Röm 12,2).

Nur indem sich die Kirche als Handlungsgemeinschaft nicht dieser Welt gleichstellt und nicht »die Gestalt dieser Welt« (1 Kor 7,31), die Haltung, die Form, die Muster der Welt, übernimmt, sondern ihren Verstand, ihre geistige Wahrnehmungsfähigkeit, ihr Denken erneuert, und zwar vom Handeln Gottes her (vgl. Röm 11,34), kann sie die notwendige Akkommodation an die Welt vollziehen ohne in Assimilation zu verfallen. Es geht darum, sich der Welt zuzuwenden ohne die Wahrnehmungs- und Handlungsmuster der Welt anzuwenden.

Diese Aufgabe stellt sich allen Christinnen und Christen, in besonderem Maße aber denjenigen in kirchlicher Gestaltungsverantwortung, ganz gleich auf welcher Ebene und in welchem Umfang diese ihnen anvertraut ist.

Die Glaubensgeschichten der Bibel im eigenen Leben weiterschreiben. Ein Beispiel.

Ein weiteres Beispiel für auftragsorientierte Wahrnehmung und eine daraus resultierende Entscheidung bietet Albert Schweitzer, der seine Universitätskarriere aufgab, um stattdessen als Tropenarzt nach Afrika zu gehen. Seine Motivation beschreibt er folgendermaßen:

»Ich hatte von dem körperlichen Elende der Eingeborenen des Urwaldes gelesen und durch Missionare davon gehört. Je mehr ich darüber nachdachte, desto unbegreiflicher kam es mir vor, dass wir Europäer uns um die große humanitäre Aufgabe, die sich uns in der Ferne stellt, so wenig bekümmern. Das Gleichnis vom reichen Mann und vom armen Lazarus schien mir auf uns geredet zu sein. Wir sind der reiche Mann, weil wir durch die Fortschritte der Medizin im Besitze vieler Kenntnisse und Mittel gegen Krankheit und Schmerz sind. Die unermesslichen Vorteile dieses Reichtums nehmen wir als etwas Selbstverständliches hin. Draußen in den Kolonien aber sitzt der arme Lazarus, das Volk der Farbigen, das der Krankheit und dem Schmerz ebenso wie wir, ja noch mehr als wir unterworfen ist und keine Mittel besitzt, um ihnen zu begegnen. Wie der Reiche sich aus Gedankenlosigkeit gegen den Armen vor seiner Türe versündigte, weil er sich nicht in seine

Lage versetzte und sein Herz nicht reden ließ, also auch wir.« (Albert Schweitzer, Gesammelte Werke in fünf Bänden, Bd. 1, München o. J., S. 319).

Aus dieser Wahrnehmung der Situation heraus entschließt sich Schweitzer, als Arzt in Afrika zu wirken. In seinem Entscheidungsprozess spiegeln sich die drei oben beschriebenen Schritte:

Schweitzer nimmt die Wirklichkeit, die Lebenszusammenhänge der afrikanischen Eingeborenen als Anlass wahr: »Ich hatte von dem körperlichen Elende der Eingeborenen des Urwaldes gelesen und ... gehört.« Er setzt sich selbst dazu ins Verhältnis und fragt sich, was er und alle anderen Europäer mit dem Elend der afrikanischen Bevölkerung zu tun haben. Er wertet: »Je mehr ich darüber nachdachte, desto unbegreiflicher kam es mir vor, dass wir Europäer uns um die große humanitäre Aufgabe, die sich uns in der Ferne stellt, so wenig bekümmern.«

Für seine Deutung ist maßgeblich, dass er in diesem Verhältnis eine biblische Geschichte wiedererkennt: »Das Gleichnis vom reichen Mann und vom armen Lazarus schien mir auf uns geredet zu sein. Wir sind der reiche Mann, weil wir durch die Fortschritte der Medizin im Besitze vieler Kenntnisse und Mittel gegen Krankheit und Schmerz sind.«

Er interpretiert und wertet die wahrgenommene Wirklichkeit im Licht der biblischen Geschichte vom reichen Mann und vom armen Lazarus: »Die unermesslichen Vorteile dieses Reichtums nehmen wir als etwas Selbstverständliches hin. Draußen in den Kolonien aber sitzt der arme Lazarus, das Volk der Farbigen, das der Krankheit und dem Schmerz ebenso wie wir, ja noch mehr als wir unterworfen ist und keine Mittel besitzt, um ihnen zu begegnen. Wie der Reiche sich aus Gedankenlosigkeit gegen den Armen vor seiner Türe versündigte, weil er sich nicht in seine Lage versetzte und sein Herz nicht reden ließ, also auch wir.«

Aus dieser Deutung seiner Wirklichkeitswahrnehmung, aus dieser wechselseitigen Interpretation – der Welt vom Evangelium her, des Evangeliums von der Welt her – *fällt er seine Entscheidung,* Medizin zu studieren und als Arzt nach Afrika zu gehen. Er versteht dies dezidiert als Christusnachfolge. Am Sonntag, den 9. Juli 1905 schreibt er um Mitternacht an seine Braut Helene Bresslau: »Meine Hand zittert ein wenig: ich habe soeben den Brief in den Kasten geworfen, in dem ich mich dem Direktor der Pariser Mission zur Verfügung stelle und mich bereit erkläre, ab Frühjahr 1907 aufzubrechen. ... Ich bin froh. Es ist getan. Aber mir ist bange. Nicht dass ich irgendetwas bedauerte. Nein! ... Aber was wird mein Schicksal sein? Wie wird mein Tod sein? Wie meine Leiden? Ich gehe dort hin, um bei Jesus zu sein; er verfahre mit mir, wie er will. Ich werde ihn finden, das weiß ich. Und beten können: Dein Reich komme!'« (Schweitzer/Bresslau. Die Jahre vor Lambarene, 100).

Schweitzer nimmt Lebenszusammenhänge wahr und denkt dann über die Beurteilungs- und Handlungsmöglichkeiten nach. Diese »Überprüfung der Routine« (Dietrich Ritschl) steht für ihn unter der Vorgabe der biblischen Tradition, in der er sich verortet.

Probieren auch Sie es in Ihrer Gemeinde, Region oder Ihrem Kirchenbezirk mit der »Korrespondenzfrage«: »inwiefern korrespondieren unser Handeln, unsere Entscheidungen, unsere Maximen den zentralen biblischen Stories?«

7. Mitarbeitende: Von der status-quo-Fixierung zur Möglichkeitenorientierung

Gott im Herzen!
Der Zukunft zugewandt.

Die siebte Überlegung bezieht sich auf die Menschen, die zusammen Kirche sind, vor allem auf jene, die gemeinsam Kirche gestalten. In der Differenzierungsphase kam den Strukturen eine tragende Rolle zu, in der Integrationsphase tritt die Bedeutung des sozialen Systems deutlich hervor. Damit wird die Frage wichtiger, welche Grundhaltungen von Gläubigen in Gestaltungsverantwortung dem Grund, der Gestalt und der Bestimmung der Kirche entsprechen und worin ihre besonderen Aufgaben bestehen.

Ob Gemeinde weitergeht, entscheidet sich an den Menschen, die beruflich oder freiwillig mitarbeiten. Wie sie sich selbst und ihre Aufgabe verstehen, welche kognitiven Fähigkeiten und affektiven Einstellungen sie zur Aufgabe, zu kirchlichen Aktivitäten, den Kollegen und zur Kirche haben, welcher Art ihre Wahrnehmungsmuster und Vorlieben gegenüber Ereignissen und Entwicklungen sind, hat Folgen.

Die den Wahrnehmungsmustern und Vorlieben inhärenten Sinn- und Wertsetzungen wirken implizit steuernd bei der Wahrnehmung der Welt und der Auswahl einer zukünftigen Politik, und damit der zukünftigen Entwicklung einer Gemeinde oder Region. Nicht erst die Gestaltung von Konzepten durch eine biblische Relecture von Wirklichkeit entscheidet, sondern zuvor schon die generelle Grundhaltung der Gläubigen in Leitungsverantwortung und ihr Verständnis kirchlicher Leitung.

Das vorige Kapitel beschrieb, wie kirchliche Leitung durch eine an Wort und Auftrag orientierte Wahrnehmung zu Entscheidungen kommen kann. Im Folgenden wird über Vorgaben und Aufgaben kirchlicher Leitung nachgedacht – und über die Grundhaltung der Glaubenden zur Zukunft der Kirche.

Gott im Herzen – Vorgaben

Leitung in der Kirche ist nötig, weil Kirche die Bestimmung hat, vorläufige Darstellung des Reiches Gottes zu sein. Dazu bedarf es einer wie auch immer gearteten Form von Institutionalisierung und Organisation. Diese wiederum bedarf einer Leitung.

Dabei gilt: Leitung und Mitarbeiterschaft schaffen die Kirche nicht, sie ist ihnen vorgegeben. Gott ist es, der die Kirche als Glaubensgemeinschaft schafft und erhält durch den Heiligen Geist.

Weil die Kirche immer als beauftragte existiert, besteht eine weitere Vorgabe kirchlicher Leitung darin, darauf hinzuwirken, dass sich Kirche als vorläufige Darstellung des Reiches Gottes versteht und gestaltet.

Die Frage, was kirchliche Leitung dabei orientiert und leitet, ist durch den Hinweis auf Gottes Handeln zu beantworten. Die Rückbindung kirchlicher Leitung an das vorgängige Handeln Gottes vollzieht sich faktisch durch den Rekurs auf die apostolische und reformatorische Überlieferung (vgl. das vorangehende Kapitel und die Ausführungen zur Kirchenpolitik S. 50–53). Vor allem anderen unterscheidet dieser Bezug auf Grund, Wesen und Bestimmung von Kirche kirchliche von nichtkirchlicher Leitung.

Aufgaben

Das Handeln Gottes, die Gemeinschaft der Glaubenden und ihre Bestimmung sind die Vorgaben kirchlicher Leitung. Worin besteht ihre Aufgabe?

Kirchliche Leitung bezieht sich auf das darstellende und wirkende Handeln. Sie soll Verkündigungs-, Hilfe-, Gerechtigkeits- und Bildungshandeln ermöglichen, fördern, koordinieren und schützen.

In der Differenzierungsphase konnte der Eindruck entstehen, Kirche sei bereits fertig und es gelte nur, in die bestehenden Strukturen und Formen einzutreten, sie zu erhalten und zu »verlebendigen«, indem immer mehr Menschen »mitmachen«. Die Transformationskrise beim Übergang in die Integrationsphase erinnert daran, dass jede Kirchengestalt ihre Funktion und ihre Zeit hat, und vor allem: dass die wirkliche Kirche nicht identisch ist mit der aus Wort und Geist möglichen Kirche.

Wirklichkeit und Möglichkeit

Gottes Wirken als Heiliger Geist schafft die empirisch nicht fixierbare, verborgene Kirche als Glaubensgemeinschaft, die sich durch menschliches Handeln als Handlungsgemeinschaft manifestiert. Die *Unterscheidung von verborgener und sichtbarer Kirche* weist traditionell darauf hin, dass die Kirche der Glaubenden mit der erfahrbaren Kirche nicht identisch ist. Sie macht aber auch deutlich, dass die jeweils vorfindliche Realität von Kirche nicht identisch ist mit der aus Geist, Wort und Sakrament möglichen Kirche. Die latenten Möglichkeiten sind größer als die aktuelle Wirklichkeit.

Kirche als Handlungsgemeinschaft ist ein Prozess der Verwirklichung von Möglichkeiten aus dem latenten Leben der Kirche als Glaubensgemeinschaft heraus. Ihr Blick auf die Welt mit den Augen des Glaubens, der Liebe und der Hoffnung erkennt neue Möglichkeiten eines dem Grund und der Bestimmung der Kirche entsprechenden und auf beides verweisenden darstellenden und wirkenden Handelns.

Zu den Aufgaben kirchlicher Leitung gehört es deshalb, ausgesprochen sensibel Ausschau zu halten nach möglichen neuen Formen kirchlichen Lebens.

Chancen und Risiken

Die *Unterscheidung von wirklicher und möglicher Kirche* betont, dass die Möglichkeiten der Kirche, sich aus dem Rückbezug auf ihren Grund und ihre Bestimmung zu erneuern, nie ausgeschöpft sind.

Kirche lebt aber in einer je spezifischen Umwelt und je spezifischen Lebenswelten, an die sie gewiesen ist. Dort lauern für das Leben und die Auftragserfüllung von Kirche Risiken ebenso wie Chancen. Es versteht sich, dass kirchliche Leitung Chancen in ihrer Umwelt, dem Auftrag nachzukommen, zunächst wahrzunehmen und dann zu ergreifen, Risiken für die Auftragserfüllung aber zu vermeiden hat.

Doch auch Entwicklungen in den Gemeinden, regionalen Verbünden, Kirchenkreisen und Landeskirchen selbst bergen Chancen und Risiken, Gefährdungen und positive Möglichkeiten, die durch den Bezug auf Grund und Auftrag der Kirche sowie auf Umweltentwicklungen sichtbar werden (vgl. dazu die methodischen Schritte in Teil II, Kap. 3, S. 103ff.).

Sowohl die Wahrnehmung der chancen- oder risikoreichen Entwicklungen landeskirchlicher Organisation und Umwelt als auch die Schaffung von Wahrnehmungsinstrumenten ist Sache kirchlicher Leitung.

Der Zukunft zugewandt

Welche *Grundhaltungen der Gläubigen*, die für die Schaffung, Erhaltung und Gestaltung der Kirche als Handlungsgemeinschaft und als Organisation verantwortlich sind, entsprechen Grund, Gestalt und Bestimmung der Kirche als Glaubensgemeinschaft?

Wolfhart Pannenberg hat darauf hingewiesen, dass sich die Gestaltung und Wahrnehmung kirchlicher Ämter an den Attributen der Kirche als Glaubensgemeinschaft orientieren müssten, weil die Attribute den Auftrag und die Bestimmung der Kirche charakterisieren und normieren.

Kirchliche Ämter müssten *apostolisch* sein im Sinne der Fortführung der apostolischen Sendung zur Verkündigung der Wahrheit Christi an alle Völker. Dies erfordere die Bereitschaft zur Veränderung traditioneller Lebens- und Denkformen »um des besseren Ausdrucks der Bedeutsamkeit Christi für die Gegenwart willen.«

Kirchliche Ämter müssten *katholisch* sein, indem sie, der Vorläufigkeit ihrer eigenen Erkenntnis- und Lebensform bewusst, auf die Gemeinschaft mit der ganzen Christenheit bedacht und für die Zukunft des Christentums und die nichtchristliche Welt offen bleiben.

Kirchliche Ämter müssten vom Geist der *Heiligkeit* bestimmt sein, durch den »Mut zur christlichen Identität«, auch gegen externe Widerstände.

Kirchliche Ämter sollten der *Einheit* der Christen dienen, und zwar »durch gegenseitige Anerkennung verschiedener Ausprägungen christlichen Lebens und Denkens aus dem Geist der Liebe.«[1]

Es ist evident, dass diese Bestimmungen nicht nur für kirchliche Ämter im dienstrechtlichen Sinne, sondern auch für alle Ehrenämter, *für jede Form der Mitwirkung an der Schaffung, Erhaltung und Gestaltung kirchlichen Lebens und Handelns und seines organisatorischen Rahmens* gelten. Da prinzipiell alle Gläubigen für die organisatorische Gestalt und das Handeln der Kirche verantwortlich sind, gelten diese Bestimmungen auch für alle.

Leitende und Leitungsgremien tun gut daran, sich diese Fragen zu stellen:

- Gehört zu unseren Grundhaltungen die Bereitschaft, bisherige Lebens- und Denkformen zu verändern, um die Bedeutsamkeit Christi für die Gegenwart besser zum Ausdruck bringen zu können?
- Sind wir uns der Vorläufigkeit unserer Erkenntnis- und Lebensformen bewusst, auf die Gemeinschaft mit der ganzen Christenheit bedacht, und für die Zukunft des Christentums und der nichtchristlichen Welt offen?
- Sind wir durch den Mut zur christlichen Identität auch gegen externe Widerstände geprägt?
- Gehört es zu unseren Grundhaltungen, der Einheit der Christen zu dienen, indem wir verschiedene Ausprägungen christlichen Lebens und Denkens aus dem Geist der Liebe anerkennen?

Wenn es diese Grundhaltungen der Mitarbeitenden ermöglichen sollen, dass Kirche auftrags- und lebensweltorientiert handelt, was heißt das dann beim Übergang von der Differenzierungsphase in die Integrationsphase konkret?

Gesamtverantwortung geht vor Teilverantwortung

Die Parochial- und auch die Differenzierungsstruktur haben dem Gefühl, für das Ganze (mit-)verantwortlich zu sein, programmatisch gegengearbeitet, indem die Grenzen zwischen den Parochien zu Grenzen pastoraler Verantwortlichkeit erklärt und verwaltungstechnisch abgedichtet wurden: jede Gemeinde hat alles und bietet alles und die Christinnen und Christen der Parochie sind an ihren Pfarrer gewiesen wie er an sie (Ausnahmen nur mit »Entlassschein«). Aus der Verpflichtung der Amtsträger auf »das alle Christen gemeinsam Angehende« wurde eine Verantwortung, die an der Grenze der eigenen Parochie zumindest eine hohe Hürde, wenn nicht hie und da ihr Ende fand.

Dient partikularkirchliche Organisation der Ermöglichung von darstellendem und wirkendem Handeln der Kirche als Handlungsgemeinschaft, ist sie außerdem an Grund, Gestalt und Bestimmung der Kirche zu orientieren, so wird deutlich, dass die Verantwortung von haupt- und ehrenamtlich Mitarbeitenden nicht auf die je eigene

---

1 Alle Zitate: Pannenberg, Thesen zur Theologie der Kirche, 44f.

Organisationseinheit beschränkt werden kann, sondern letztlich die Kirche als Ganze umfasst. Die Verantwortung für einen Teilbereich, eine Teileinrichtung ist immer eingebettet in die Verantwortung für den Leib Christi als Ganzen. Dieser konkretisiert sich in der Parochie oder anderen Gemeindeformen, endet aber nicht an deren Grenzen.

Für haupt- und ehrenamtlich Mitarbeitende bedeutet dies im Übergang in die Integrations- und Assoziationsphase eine Veränderung des Bezugsrahmens ihres Denkens, Planens und Handelns, der nicht mehr länger von den Grenzen des eigenen Zuständigkeitsbereichs definiert wird.

Es geht um ein *Denken und Wahrnehmen wie mit einem Zoom-Objektiv*: nicht nur den eigenen, unmittelbaren Bereich sehen, sondern den Bildausschnitt immer wieder vergrößern, um den Kontext wahrzunehmen, in dem Kirche vor Ort existiert: die eine Kirche Jesu Christi. Es geht darum, *das Ganze nicht aus dem Blick* zu *verlieren* und den ekklesialen Kontext der Parochie und des pastoralen Dienstes wahrzunehmen – um der allen Christen gemeinsamen Sache und unausgeschöpfter Möglichkeiten willen.

Haupt- und ehrenamtlich Mitarbeitende als Gestalter. Ekklesiopreneurship in der Kirche

Die Vorstellung von Kirche als einer staatsanalogen Institution bei gleichzeitig stark bürokratischer Leitungstradition ist nicht geeignet, ein aktiv Möglichkeiten suchendes und realisierendes Verhalten der haupt- und ehrenamtlich Mitarbeitenden zu fördern. Die von Pannenberg beschriebenen, der geglaubten Kirche entsprechenden Grundhaltungen, vor allem die Bereitschaft, die Sozialformen zu verändern, um dem Auftrag treu zu bleiben, erfordert eine Haltung und ein Verhalten, das mit dem Begriff Ekklesiopreneurship (Florian Sobetzko) umschrieben werden kann, einer Wortneuschöpfung aus Ekklesia (Kirche) und Entrepreneurship.

Der Begriff Entrepreneurship meint unternehmerische Haltung und unternehmerisches Handeln. Entrepreneurship bedeutet »im Kern, gestaltend tätig zu sein, Neues zu ermöglichen, die Initiative zu ergreifen.«[2] Unternehmerisches Handeln setzt die Bereitschaft voraus, sich auf veränderte Gegebenheiten einzustellen, neue Wege zu finden, Ressourcen zu erschließen und (neu) zu kombinieren.

Eine solche unternehmerische Haltung gab es in den Kirchen schon immer, und sie hatte und hat gerade für die Schwachen und Armen eine außerordentliche Bedeutung.[3] Diakonische Unternehmungen wie die von Bodelschwinghschen Anstalten in Bethel oder die Franckeschen Anstalten in Halle sind ohne ein solches kirchliches Entrepreneurship, das Chancen wahrnimmt und ergreift, nicht denkbar. Gleiches gilt für die zahlreichen diakonischen Gründungen der 1960er Jahre.[4]

---

2 Horstmann/Neuhausen, Mutig mittendrin, 13.
3 Vgl. Schramm, Kirche als Organisation gestalten, 640ff.
4 Vgl. Wegner, Teilhabe fördern, 216.

In einer Untersuchung sechs gemeinwesendiakonischer Projekte kommt eine Studie des Sozialwissenschaftlichen Instituts der EKD zu dem Ergebnis, dass sich diese Projekte drei strukturbildenden Faktoren verdanken: der Aktivierungs-, der Projekt- und der Entrepreneurlogik. Ohne letztere sei das Zustandekommen der gemeinwesendiakonischen Projekte nicht erklärbar.[5]

Eine Motivation der Träger der in der SI-Studie beschriebenen Projekte war die Einsicht:»Traditionelle Gemeindearbeit hat es nicht geschafft, starke Beziehungen am Lebensort der Menschen zu bauen.«[6] Die bisherigen kirchlichen Strategien funktionierten nicht mehr. Es gelte, eigene Antworten vor Ort zu entwickeln. Gemeinwesenorientierung gewinnt dabei den Charakter von *Konvivenz* durch gemeinsames Leben und Anteilnahme am Leben der Menschen. Für die sechs Projekte gilt: »*Konkrete Lebensbewältigung steht immer wieder im Vordergrund.* Der Zugang zu den Menschen und die Möglichkeit, sie einzubeziehen, gelingt über die alltäglichen Anliegen. … Der Blick für die alltäglichen Anliegen kann auch in die Kirchengemeinden hinein wirken. Denn gerade das, was den Menschen auf der Seele brennt, kann gemeinschaftsbildend sein.«[7]

Erneuerung und Experiment

Die Rede von Ekklesiopreneurship soll deutlich machen: Kirche ist kein Unternehmen, aber Kirche muss etwas unternehmen – nicht um Profite zu machen oder sich selbst zu erhalten, sondern um ihrer Bestimmung nachzukommen.

Die Kirche der Zukunft ist innovativ und sucht aktiv nach neuen Gestalten des Kircheseins. Weil der Ressourcenrückgang die Gefahr birgt, notwendige Veränderungen nur in der Mangelperspektive wahrzunehmen, ist es wichtig, die *Möglichkeitenperspektive* einzuüben. Die Suche nach möglichen neuen Sozialformen braucht Experimente und Fehlerfreundlichkeit.

Angemessen ist dementsprechend eine Kultur des Lernens und der Entwicklung. Aufgabe kirchlicher Leitung ist es, dies sicher zu stellen, indem sie Fort- und Weiterbildung sowie die Erprobung neuer Wege ermöglicht.

Organisationen lernen nur, indem Mitarbeitende lernen. Aber nur, wenn das durch die Mitarbeitenden Gelernte sich in der Veränderung von Strukturen und Prozessen niederschlägt, lernt auch die Organisation als Ganze. Organisationales Lernen ist ein zirkulärer Vorgang, die Bereitschaft zum Experiment seine Voraussetzung.

Haben Sie den Mut weiter zu gehen?

---

5 Horstmann/Neuhausen, Mutig mittendrin, 16.
6 Ebd., 22.
7 Ebd., 38f.

Bevor Sie weitergehen:
Einige Bemerkungen zur Vorgehensweise

Bevor Sie weitergehen

Soll Gemeinde weitergehen, müssen die Gläubigen weiter denken. Teil I dieses Buches stellt dazu einige Überlegungen zur Verfügung. Sie betreffen verschiedene Aspekte von Kirche, weil ein Weitergehen unseres Erachtens nicht möglich ist, wenn nur einzelne Bereiche sich verändern. Gemeinde wird weitergehen, wenn Kirchenleitende ganzheitlich über die Entwicklung ihrer Gemeinde, Region, ihres Kirchenbezirks oder ihrer Landeskirche nachdenken und zu integralen Vorgehensweisen der Veränderung finden.

Es fängt an mit dem theologischen Verständnis von Kirche: wird zwischen der Kirche als Glaubens-, Handlungs- und Rechtsgemeinschaft unterschieden, dann zeigt sich: die Bestimmung der Kirche, mit ihrem Handeln auf das hinzuweisen, was Gott an der Welt getan und zu tun versprochen hat, besteht dauerhaft. Die Formen, in denen das geschieht, ändern sich je nach Zeit und Umwelt.

Ein Blick auf die Entwicklung von Landeskirchen als Organisationen zeigt: sie haben sich schon immer verändert und werden dies weiterhin tun. Aktuell stehen sie am Ende der Differenzierungsphase und vor der Aufgabe, lebendige Kirchen des Weniger (an Ressourcen) zu werden. Nach dem quantitativen kommt das qualitative Wachstum. Landeskirchen und auch Bistümer werden numerisch auf lange Sicht nicht wachsen, als Handlungsgemeinschaften können sie aber zeugnisstärker werden und als Organisationen ihre Selbststeuerungsfähigkeit verbessern.

Strukturell liegt es nahe, vom Auftrag her den Blick zu weiten und zu sehen, wer alles lebt im Feld eines Ortes und einer Region. Mit wem können Christinnen und Christen sich vernetzen, um deutlicher die Geschichten der Bibel vom Handeln Gottes weiterzuschreiben?

Von der Versäulung zur Vernetzung kirchlicher Organisation voranzuschreiten, ist die Aufgabe kirchlicher Leitung. Die bisherigen Steuerungskonzepte – Bürokratie, Steuerung durch Recht, Finanzen und Berufsrollen – bleiben wichtig, bedürfen aber der Weiterentwicklung: in komplexen und dynamischen Umwelten, im Übergang von der Differenzierungs- zur Integrationsphase kommt die Rolle der Kirchenpolitik im Sinne einer ganzheitlichen, integralen Gestaltung kirchlicher Systeme mit Umsicht und weitem Blick voraus zur Geltung.

Kirchliche Leitung wird die Art und Weise der Entwicklung und Gestaltung kirchlicher Aktivitäten verändern: nicht mehr Angebote für Zielgruppen im Sinne einer Kirche für die Menschen, sondern Konzepte neuen kirchlichen Lebens mit den Menschen. Diese Konzepte sind auftrags- und lebensweltorientiert, nicht mehr anbieterorientiert.

Dabei verändert sich auch die Wahrnehmung: Ansatzpunkt kirchlichen Handelns sind die Lebenswelten und -räume der Menschen, die im Licht des Evangeliums gelesen werden und so beides neu entdecken lassen: Evangelium und Leben.

Deutlich ist: diese Schritte zu vollziehen, stellt eine geistliche und theologische Herausforderung dar, die an die Haltung all derer rührt, die für ihre Kirche Verantwortung übernehmen, gleich an welcher Stelle. Ihre Grundhaltung entscheidet.

Gehören Sie zu denen, die mit Gott im Herzen der Zukunft zugewandt sind, die aus dem Vertrauen auf Gottes Versprechen Zuversicht und Mut zu Erneuerung und Experiment schöpfen, dann sind Sie eingeladen, jetzt weiter zu gehen.

Einige Bemerkungen zur Vorgehensweise

Wer sich auf den Weg macht, wird sich seine Schritte gut überlegen, bei anderen nachhören, die ähnliches schon unternommen haben, und womöglich auch für gute Wegbegleitung durch externe Beratung sorgen. Klare und wegweisende Antworten für den Weg in die nächste Zukunft zu finden, hängt auch von der gewählten Methode ab, die wiederum von der jeweiligen Situation vor Ort bestimmt sein wird. Deshalb hier nur einige allgemeine Hinweise zur Architektur des Prozesses.[1]

Für Ihre Initiative zur Leitbild- und Konzeptentwicklung suchen Sie eine kleine Gruppe, die aktiv werden kann. Häufig wird dies ein formelles Gremium sein wie der Kirchenvorstand, eine Impulsgruppe aus der Region oder die Spitze des Kirchenkreises. Das Gefühl, dass es so wie bisher nicht mehr weitergeht, die Erkenntnis finanzieller oder personeller Engpässe oder die Erfahrung großer Belastungen durch Strukturdefizite darf durchaus den Anstoß geben. Hilfreich ist die Frage: Was passiert, wenn nichts passiert?

Wenn sich in einer Vorbesprechung ein erster, grundlegender Konsens über Leitbild- und Konzeptentwicklung als Instrument zur Lösung anstehender Herausforderungen herausbildet, sind formelle Entscheidungen der Leitungsgremien nötig, die den weiteren Prozess in Gang setzen, die Rahmenbedingungen klären und auch für die nötige finanzielle und personelle Ausstattung sorgen.

Entscheiden muss diese Steuerungsgruppe dann auch, wer im Prozess mitarbeiten soll. Mehr als 20 Personen sollte der Trägerkreis in der Regel nicht umfassen. Seine Zusammensetzung stellt eine Vorentscheidung über die Ergebnisse dar. Üblicherweise folgt die Zusammensetzung kirchlicher Projektgruppen dem Repräsentationsmodell, bei dem aus allen Gemeinden und Einrichtungen Vertreter entsandt werden. Solche Personen aus kirchlichen Schlüsselstellen sollten jedoch zumindest ergänzt werden durch Personen aus Politik, Wirtschaft, Kultur und Öffentlichkeit, sofern Sie nicht ganz vom Repräsentations- zum Kompetenzprinzip wechseln und sich fragen, welche Menschen Sie zur Mitwirkung gewinnen wollen, weil sie über Fähigkeiten verfügen, die für diesen Prozess wichtig sind. Vertreten sein sollten sowohl Menschen mit dem

---

1 Vgl. zum Folgenden und Teil II: Schramm, Kirche als Organisation gestalten, 723–758; Jäger, Lebenstheologie in Aktion, 358–365.

Blick von außen, also z. B. Kommunalpolitiker, Schulleiterinnen, Unternehmer, aus der Kirche Ausgetretene, als auch Menschen, die in der Kirche als haupt- und ehrenamtlich Mitarbeitende in Gemeinden, Kirchenbezirk und Landeskirche beheimatet sind. Die Anzahl der Pfarrer sollte nicht dominieren und in der Regel ein Drittel nicht überschreiten.

Als gut hat es sich erwiesen, wenn die Leitbild- und Konzeptentwicklung in einem überschaubaren Zeitraum von sechs bis 18 Monaten stattfindet. Für die Arbeit des Trägerkreises sind circa drei Klausurtagungen von 24 bis 36 Stunden Dauer vorzusehen. Ein Tagungsort außerhalb der üblichen Räumlichkeiten erleichtert die Konzentration. Damit die Ergebnisse der Klausuren am Ende des Prozesses auch akzeptiert werden und damit der Trägerkreis Impulse und Kritik bekommt, kommuniziert er seine Überlegungen zwischen den Klausuren mit einem möglichst großen Personenkreis.

Die erste Klausur dient zur Verständigung über das Projekt und zur Einübung des Vor-Denkens. Zentral ist das Verständnis von Kirchenpolitik als integrale, zukunftsgerichtete Gestaltung des kirchlichen Gemeinwesens, das in relevante Umwelten eingebettet ist. Die Funktion von Leitbild- und Konzeptentwicklung wird deutlich gemacht und ein Zieltermin mit zeitlicher Planung ins Auge gefasst. Erste Ergebnisse der Arbeit an den drei kirchenpolitischen Leitfragen, aber auch Differenzen und Konfliktpunkte werden protokolliert. (In der ersten Klausur geht es also um die Schritte 1, 3 und 4, die wir in Teil II beschreiben).

Um den angestrebten kirchenpolitischen Konsens breit abzustützen, wirkt jedes Mitglied der Trägergruppe als Multiplikator und kommuniziert die Ergebnisse der ersten Klausur in seinem privaten und beruflichen Umfeld und den kirchlichen Gremien. Die Rückmeldungen bringt er in die zweite Klausur ein. Zwischen der ersten und zweiten Klausur kann auch die Erkundung des Lebensraumes und der Nöte und Interessen der Menschen stattfinden (Schritt 2).

In der zweiten Klausur sollte sich zum einen ein Konsens zur Corporate Identity (Wer sind wir?), zur Vision und zu den Zielen (Was sollen/wollen wir? Wohin soll es gehen?) abzeichnen (also die Schritte 1, 3 und 4), zum anderen aber auch die Arbeit an den Teilkonzepten beginnen, die in der Zwischenzeit bis zur nächsten Klausur in Teilgruppen fortgesetzt wird (Schritte 5 und 6).

In einer dritten Klausur werden das Ganze und die Teile in Form gebracht und abschließend beraten. Danach sind die Entscheidungsgremien wie etwa die Bezirks-/ Kreissynode am Zug. Die offizielle Inkraftsetzung des Konzepts ist ein Grund zum Feiern. Danach beginnt die Umsetzungsphase, begleitet von entsprechender Öffentlichkeitsarbeit, die freilich schon früher einsetzen kann (vgl. Schritt 7).

Doch diese Prozessarchitektur ist, wie bereits gesagt, vor Ort abzustimmen und methodisch aufzubereiten.

Klären Sie die Rollen

Schon zum Beginn des Prozesses sollte geklärt werden, wer die Projektleitung übernimmt. Sie lädt zu den Treffen ein, organisiert die notwendigen Räumlichkeiten und leitet die Sitzungen der Steuerungsgruppe. Bei ihr laufen die Fäden zusammen und sie gibt die notwendigen Informationen. Sofern externe Berater engagiert werden, ist sie der Ansprechpartner. Damit von allen Sitzungen Protokolle erstellt werden, wird ein Schriftführer bestimmt.

Denken Sie über externe Unterstützung nach

Auch wenn Sie mit einem Teilkonzept anfangen und nicht gleich das Ganze neu positionieren und ausrichten wollen, sollten Sie überlegen, ob Sie sich Unterstützung holen.

Eine externe Moderation von Klausurtagen hat sich bewährt. Besser ist noch, erfahrene Organisationsentwickler zur Gestaltung des gesamten Prozesses zu engagieren, denn in einem Buch kann nur ein idealtypischer Prozessverlauf skizziert werden, der die Besonderheiten vor Ort wie z. B. bestimmte Prägungen, Vorlieben, Konfliktgeschichten, alte Spannungen etc. nicht kennt und nicht berücksichtigen kann. Insbesondere bei Stellenreduzierungen und Strukturveränderungen sind externe Beratung und auch eine andere Vorgehensweise angezeigt.

Zu den Qualitätsstandards einer solchen Begleitung gehört es, dass die Berater zu zweit kommen. Achten Sie darauf, dass wenigstens einer über ekklesiologische und kirchentheoretische Kompetenz verfügt. Eine Kirche ist keine Nudelfabrik. Andererseits ist bei Kirche aber auch keinesfalls alles »ganz anders«. Insofern kann es wiederum hilfreich sein, wenn einer der Berater Kirche nicht oder nicht nur Kirche kennt.

Im Laufe des Prozesses tun sich womöglich Fortbildungsnotwendigkeiten auf. Sprechen Sie mit der Fortbildungsabteilung ihrer Landeskirche über Möglichkeiten von Fortbildungen und ggf. auch Fortbildungsformate speziell für Gruppen aus ihrer Region oder ihrem Dekanat.

Wählen Sie zwischen zwei Möglichkeiten

*   Sie können eine Gesamtausrichtung ihrer Gemeinde, regionalen Kooperation oder Ihres Kirchenbezirks vornehmen, indem Sie ein Leitbild mit allen Teilkonzepten entwickeln. Die hier in Teil II beschriebenen Schritte geben dazu Anregungen.
*   Oder sie fangen klein an und starten einen Prozess, an dessen Ende nur ein einzelnes Teilkonzept steht, zum Beispiel ein Konfirmandenarbeits- oder Gottesdienstkonzept. Dazu sind die jeweiligen Schritte entsprechend zu gestalten.

Das Beispiel eines »Konfirmandenarbeitskonzeptes für die Region« illustriert die Schritte zur Teilkonzeptentwicklung. Sie finden es am Ende jeden Kapitels von Teil II in den mit grauem Rand markierten Texten.

II. weiter gehen

Neue Konzepte kirchlichen Lebens
entwickeln.
Anregungen dazu

Im Überblick:
Zu neuen Konzepten kirchlichen Lebens in
7 Schritten

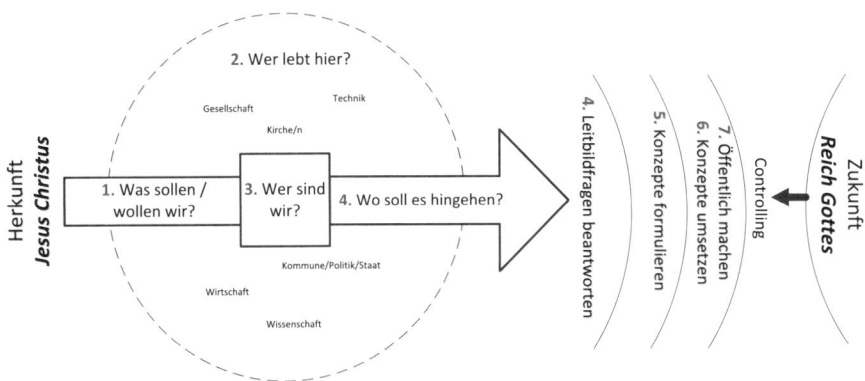

Abb. 9

1.   Was sollen wir?
          Auftrag annehmen.

Kommen Sie ins Gespräch darüber, wie Sie Kirche und ihren Auftrag verstehen. Auch wenn Sie bereits eine konkrete Idee haben, lohnt es sich, darüber nachzudenken, ob und wie sie der Kommunikation und Praxis des Evangeliums dient.

> mehr auf Seite 89

2.   Wer lebt hier?
          Lebenswelt wahrnehmen.

Schauen Sie sich um: Was bestimmt den Sozialraum um Sie herum, welche Menschen leben hier, wie leben sie, was prägt sie?

Wo sind die Situationen und Personen, die kirchliches Handeln nahe legen? Was für eine Kirche wird hier gebraucht?

> mehr auf Seite 93

3.   Wer sind wir?
          Aufgabe erkennen.

Schauen Sie in den Spiegel: Wer sind wir als Kirchengemeinde, wer als Region oder Kirchenbezirk? Welche Stärken, welche Ressourcen und Potentiale bringen wir mit? Was ist uns wichtig? Wofür stehen wir? Wer sich selbst kennt, kann eher die Konzepte entwickeln, die passen.

> mehr auf Seite 103

4.   Wohin soll es gehen?
          Leitbild entwickeln.

Werden Sie sich klar: Wo soll es zukünftig hingehen? Legen Sie gemeinsam fest, was Sie erreichen wollen, welcher Leitidee Sie folgen und welche konkreten Ziele Sie ansteuern möchten.

> mehr auf Seite 109

5.   Wie gelingt, was wir wollen?
          Konzepte ausarbeiten.

Machen Sie's schriftlich: Bevor man aktiv wird, ist es gut, genau zu überlegen, wo es hingehen soll und was alles zu bedenken ist. Das schafft Klarheit, gibt Struktur, macht Spaß – und spart Zeit.

> mehr auf Seite 119

6. Was macht wer wann?
Veränderungen schrittweise gestalten.

Bringen Sie Ihr Projekt zum Laufen: Planen Sie die konkreten Maßnahmen des Konzeptes. Klären Sie gemeinsam und halten Sie fest, wo die Verantwortlichkeiten und Zuständigkeiten liegen. Unser Raster hilft Ihnen dabei. Und dann gutes Gelingen und viel Erfolg.

> mehr auf Seite 129

7. Wie erfahren es alle?
Öffentlich machen.

Kommunizieren Sie mit allen Mitteln: Es lohnt sich. Mit unseren Hinweisen und Tipps zur Öffentlichkeitsarbeit helfen wir Ihnen, Ihr Projekt publik zu machen. So erhalten Sie Zuspruch und Unterstützung, finden neue Mitmacher und neue Ideen.

> mehr auf Seite 133

Grundsätzlich haben Sie zwei Möglichkeiten:

- Sie können die Gesamtausrichtung erneuern und ein Leitbild mit *allen* Teilkonzepten erarbeiten (vgl. Abb. 8, S. 55). Dazu geben wir Ihnen im Folgenden Anregungen.
- Sie haben aber auch die Möglichkeit, ein Arbeitsgebiet herauszugreifen und dafür *ein* Teilkonzept zu entwickeln. Einen Eindruck davon vermittelt unser Beispiel »Teilkonzept Konfirmandenarbeit«, das Sie in den mit grauem Rand markierten Texten am Ende jeden Kapitels finden.

1. Was sollen wir?
Auftrag annehmen

Kommen Sie ins Gespräch darüber, wie Sie Kirche und ihren Auftrag verstehen. Auch wenn Sie bereits eine konkrete Idee haben, lohnt es sich, darüber nachzudenken, ob und wie sie der Kommunikation und Praxis des Evangeliums dient.

Wie kommt eine Kirche zu Konzepten und Formen ihres Handelns? Indem sie sich an Kriterien, an Entscheidungsprämissen orientiert. Was heißt das?

Wenn ich ein Auto kaufe, dann ist vielleicht ein Kriterium die Ausstattung, ein anderes der Preis, ein drittes der Energieverbrauch. Wenn ich ein Auto bauen will, stellen sich ähnliche Fragen: Was für ein Auto will ich bauen? Für wen? Was ist mir dabei wichtig?

Bei jeder Entscheidung geht es insofern immer auch um die Frage: Wofür stehe ich ein? Was finde ich richtig? Was will ich? Welchen Werten fühle ich mich verpflichtet: Ist mir die Umwelt egal, oder sehe ich sie als Schöpfung, die ich bewahren möchte?

Die Frage, wie eine Kirche, zum Beispiel in Gestalt eines Projektteams, zu den Konzepten und Formen ihres Handelns kommt, hängt also sehr von den Kriterien ab, an denen sie sich orientiert, und die wiederum hängen davon ab, was sie auf die Frage antwortet: Was soll ich? Welche Werte gelten für mich?

Die Weiterentwicklung von Kirche ist nie eine Sache von »Methoden«, sondern primär eine theologische und geistliche Angelegenheit. Immer geht es um die Sinn- und Wertorientierung von Kirche, um die Frage nach dem »What and Why to do?« Theologische Besinnung ist essentiell, denn die Kirche existiert, sobald sie zu existieren anfängt, immer schon als beauftragte. Andere, nichtkirchliche Organisationen mögen sich als erstes die Frage nach ihrem Wollen stellen, Kirche hat als beauftragte nach ihrem Sollen zu fragen, das ihrem Wollen vorausgeht.

Deshalb sollten Sie sich am Beginn Ihres Weges verständigen, wie Sie Kirche und ihren Auftrag, ihr Sollen, verstehen.

Um sich darüber Klarheit zu verschaffen, schlagen wir Ihnen drei Schritte vor, die Sie als Projektgruppe gemeinsam gehen und deren Ergebnisse Sie schriftlich sichern sollten:

Wir fragen uns.
Was ist für mich Kirche? Was ist für mich an Kirche wichtig? Wofür steht Kirche meines Erachtens? Welche Werte gelten? Welchen Auftrag hat Kirche? Was sollen wir?

Wir fragen die Bibel.

Fallen mir Bibeltexte ein, die die Antwort auf diese Fragen besonders gut illustrieren? Biblische Geschichten oder Worte, die meine Motivation und Orientierung besonders deutlich zeigen?

Wir vergleichen.

Wie stehen meine Vorstellungen über Grund und Auftrag der Kirche zu denen des Neuen Testaments? Kommen die dort erkennbaren Gedanken und Motive in unserem Kirchenverständnis vor?

Zum Beispiel:

- Licht der Welt, Salz der Erde: Mt 5,13-16

  Ihr seid das Salz der Erde. Wenn nun das Salz nicht mehr salzt, womit soll man salzen? Es ist zu nichts mehr nütze, als dass man es wegschüttet und lässt es von den Leuten zertreten. Ihr seid das Licht der Welt. Es kann die Stadt, die auf einem Berge liegt, nicht verborgen sein. Man zündet auch nicht ein Licht an und setzt es unter einen Scheffel, sondern auf einen Leuchter, so leuchtet es allen, die im Hause sind. So soll euer Licht leuchten vor den Leuten, damit sie eure guten Werke sehen und euren Vater im Himmel preisen.

- Leib Christi: 1 Kor 12,12 (vgl. Röm 12, 4-6)

  Denn wie der Leib einer ist und hat doch viele Glieder, alle Glieder des Leibes aber, obwohl sie viele sind, doch ein Leib sind: so auch Christus.

- Tempel des Heiligen Geistes: 1 Kor 3,16f.

  Wisst ihr nicht, dass ihr Gottes Tempel seid und der Geist Gottes in euch wohnt? Wenn jemand den Tempel Gottes zerstört, den wird Gott zerstören, denn der Tempel Gottes ist heilig – der seid ihr.

- »In Christus« sein: Gal 3,26-28

  Denn ihr seid alle durch den Glauben Gottes Kinder in Christus Jesus. Denn ihr alle, die ihr auf Christus getauft seid, habt Christus angezogen. Hier ist nicht Jude noch Grieche, hier ist nicht Sklave noch Freier, hier ist nicht Mann noch Frau; denn ihr seid allesamt einer in Christus Jesus.

- Phil 2,5

  Seid so unter euch gesinnt, wie es der Gemeinschaft in Christus Jesus entspricht.

- Röm 6,4 und 11

  So sind wir ja mit ihm begraben durch die Taufe in den Tod, auf dass, wie Christus auferweckt ist von den Toten durch die Herrlichkeit des Vaters, so auch wir in einem neuen Leben wandeln. (…) So auch ihr. Haltet euch für Menschen, die der Sünde gestorben sind und für Gott leben in Christus Jesus.

Lesen Sie auch die Seligpreisungen der Bergpredigt in Mt 5 und den Text über die Werke der Barmherzigkeit Mt 25,31-46.

Wir formulieren.
Sichern Sie die Ergebnisse Ihrer Arbeit. Halten Sie das Fazit Ihres Gespräches in wenigen Sätzen fest.

Wenn Sie ein Leitbild und Konzepte entwickeln, dann geht es immer um die Frage:

- Wie kann Christus an unserem Ort Gestalt gewinnen (vgl. Gal 4,19)?
- Wie schreiben wir die Glaubensgeschichten der Bibel fort?
- Wie kommen die biblischen (Glaubens-) Motive in unserem Leben, im Handeln unserer Kirchengemeinde, unserer Region zur Geltung?

Was wir sehen, hängt damit zusammen, wie wir in die Welt hineinschauen. Sich des eigenen Verständnisses des Auftrags zu vergewissern, heißt: sich selbst vorzubereiten, mit den Augen des Glaubens, der Liebe und der Hoffnung in die Welt hinein zu schauen. Tun Sie dies im nächsten Kapitel.

Was sollen wir? Auftrag annehmen
Wir fragen uns.
Wir fragen die Bibel.
Wir vergleichen.
Wir formulieren.

 Das Arbeitsblatt 1 zur digitalen Bearbeitung und zum Ausdrucken finden Sie auf http://blog.kohlhammer.de/theologie/gemeinde-geht-weiter/

Beispiel Konfirmandenarbeit

Am Ende jeden Kapitels in Teil II zeigen wir anhand eines Beispiels aus der Konfirmandenarbeit wie eine Teilkonzeptentwicklung in sieben Schritten aussehen kann.

1. Was sollen wir? Auftrag annehmen.

1. Wir fragen uns.
Wichtig ist uns, dass Konfirmandenarbeit kirchliche Bildungsarbeit ist, und zwar in der Zivilgesellschaft. Sie zielt auf ein Verständnis der Kirche, des Glaubens und auf Einübung einer Glaubenspraxis. Wichtig ist uns, dass die Konfirmandenarbeit die Fragen und Bedürfnisse der Jugendlichen aufnimmt und produktiv bearbeitet.

2. Wir fragen die Bibel.
In der Bibel entdecken wir, dass Kirche aus verschiedenen und verschieden begabten zusammengefügt ist. In ihr gewinnt Christus Gestalt, gehören die Verschiedenen in ihrer Verschiedenheit zusammen. Sie ist beauftragt, ihr Licht in der Welt leuchten zu lassen. In ihren Gliedern wohnt der Heilige Geist.

3. Wir vergleichen.
Vielleicht sollte unsere Konfirmandenarbeit stärker mit dem Auftrag und Wesen von Kirche vertraut machen und den Einzelnen als Person stärker wahrnehmen.

4. Wir formulieren.
Konfirmandenarbeit soll – die Lebenswirklichkeit junger Menschen aufgreifend – mit ihnen gemeinsam über Lebensfragen im Licht des Glaubens und in der Gemeinschaft der Glaubenden nachdenken und damit Handlungsorientierung und -perspektiven erarbeiten und die Jugendlichen als Personen stärken.

2. Wer lebt hier?
Lebenswelt wahrnehmen

Schauen Sie sich um: Was bestimmt den Sozialraum um Sie herum? Welche Menschen leben hier? Wie leben Sie? Was prägt sie? Wo sind die Situationen und Personen, die kirchliches Handeln nahe legen? Was für eine Kirche wir hier gebraucht?

Kirche ist zu den Menschen und in ihre jeweiligen Lebensräume hinein gesandt. Eine Gruppe von Christinnen und Christen, die sich fragt: Was für eine Kirche wird *hier* eigentlich gebraucht, tut gut daran, das »hier« neu in den Blick zu nehmen. Auch wenn man an einem Ort schon länger lebt, lohnt es sich genauer hinzuschauen. Denn: Unsere Gesellschaft und das Leben der Menschen haben sich in den vergangenen Jahrzehnten sehr verändert. Die »Halbwertzeiten« in Politik und Gesellschaft werden kürzer. Das spüren wir auch in der Kirche. Interessen und Traditionen haben sich verändert.

Im Blick der Kirchengemeinde sind nicht nur die eigenen Mitglieder, sondern alle im Sozialraum lebenden Menschen. Darüber hinaus sind die verschiedenen Institutionen am Ort prägend. Handwerks- und Dienstleistungsunternehmen, kommunale und verbandliche Einrichtungen, Vereine, Initiativgruppen, Parteien, diakonische Beratungsstellen oder Heime, die katholische Kirche – sie alle prägen das Gesamtbild des Sozialraumes.

Von entscheidender Bedeutung wird es sein, wen sie einladen, mit ihnen zusammen den Lebensraum zu erkunden. Konfirmanden sehen anderes als der Ortsvorsteher. Hartz-IV-Empfänger nehmen Lebensräume anders wahr als Oberstudienräte.

Ebenso entscheidend ist, wen sie bei ihren Erkundungen befragen. Die Inhaberin eines kleinen Geschäftes wird ihnen anderes erzählen als der anerkannte Asylbewerber.

Abbildung 10 auf der nächsten Seite gibt einen Überblick über das Beziehungsgeflecht:

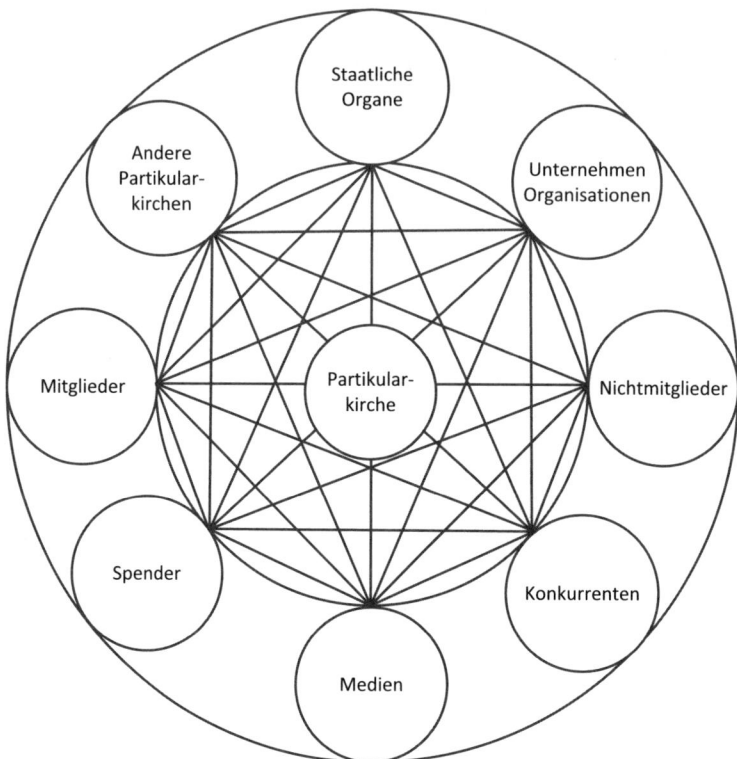

Abb. 10: Partikularkirchliche Organisationseinheiten in ihren Umwelten

Wir erkunden den Sozialraum

Bei Sozialraumerkundungen geht es darum, den Lebensraum der Menschen aus einem neuen Blickwinkel zu sehen und zu entschlüsseln.

Was treibt Menschen um? Unter welchen Bedingungen leben sie, welche Interessen verfolgen sie? Welche Altersgruppen und Milieus leben hier? Wie nehmen die Menschen teil am Leben im Dorf oder im Stadtteil?

Eine Erkundung kann auch fokussiert geschehen, zum Beispiel: Wer sind unsere Konfirmandinnen und Konfirmanden? Welchen Milieus gehören sie an? Was tun sie in ihrer Freizeit? Welche Schulen besuchen sie? In welchen Verhältnissen leben sie? Wie müssen Bildungsaktivitäten für sie gestrickt sein? Was brauchen sie an Bildung, Hilfe, Solidarität, Verkündigung?

Je nach Ziel und Fragestellung lässt sich ein ganz unterschiedlicher Blick auf den Sozialraum werfen. Wer Jugendarbeit macht, wird nach Treffpunkten von Jugendlichen schauen, ihre Mobilität ins Auge fassen und nach ihren Interessen fragen. Wenn es darum geht, die Altenarbeit neu zu beleben, wird der besondere Blick auf diese Personengruppe zu richten sein.

Bei der Erkundung von Sozialräumen helfen verschiedene Instrumente. Wir bieten hier einige Fragen und Methoden. Die Erfassung der Daten darf kein wissenschaftliches Forschungsprojekt werden, sondern muss in einem überschaubaren zeitlichen Verhältnis zu den sonstigen Aufgaben stehen. Überlegen Sie, welchen der folgenden Fragen Sie nachgehen möchten.

10 grundsätzliche Fragen zur Erkundung eines Sozialraums

- Welche Bevölkerungsgruppen leben hier (Alter, Bildung, Einkommen, Migration, …)?
- Wie ist die Mobilität (ÖPNV, Einkaufssituation, öffentliche Einrichtungen, …)?
- Welche Einrichtungen gibt es? Kindertagesstätte, Schule, Volkshochschule, Altenheim usw.?
- Welche Vereine, Sport- und Kultureinrichtungen sind vorhanden?
- Gibt es typische Kommunikations- und Begegnungsorte. Für wen?
- Welche Traditionen/Normen und Werte haben sich in der Bevölkerung herausgebildet?
- Welche Sozialkontakte haben die Nachbarschaften und Generationen untereinander?
- Gibt es eine abgestimmte Zusammenarbeit einzelner Einrichtungen? Arbeitet Kirche bereits mit?
- Welche Rolle spielt die Kirchengemeinde für die Bürgerinnen und Bürger?
- Wie werden wir als Kirche in unserem Lebensraum/unserer Region von innen/außen wahrgenommen?

Wenn Sie genauer hinsehen wollen, finden Sie hier im Kasten ein differenziertes Erkundungsraster für Sozialräume. Nicht alle Fragen müssen abgearbeitet werden. Es genügt, eine passende Auswahl zu treffen.

Erkundungsraster Sozialraum

1. Soziale Lage im Ort

- Welche Alters-/Zielgruppen sind vorhanden (evtl. mit welchen geschätzten Anteilen)?
- Welche Bildungsschichten/Migranten/Arbeitslose/… leben hier?
- Sind in den letzten Jahren Flüchtlinge zugewiesen worden?
- Wie ist die Einkommens- und Erwerbsstruktur?
- Wie ist die Flächennutzung (Industrie/Gewerbe/Grünzonen/Wohnformen/…)?
- Wie ist die Wohnstruktur (Alter/Zustand/Größe von Wohnungen …)?
- Wie gestaltet sich der demografische Wandel?
- Welche Kindertagesstätten und Schulen gibt es vor Ort?
- Wo besteht Barrierefreiheit und wo nicht?
- …

2. Allgemeine Infrastruktur

- Wie ist der Standortfaktor für Gewerbe, Wohnen usw.?
- Wie ist die Anbindung an den ÖPNV?

Erkundungsraster Sozialraum

- Wie mobil sind die Menschen?
- Welche Sport- und Kultureinrichtungen gibt es?
- Gibt es typische Kommunikationsorte im Ort?
- Wie ist die Einkaufssituation vor Ort (Supermärkte, Fachgeschäfte)?
- Gibt es alle wichtigen öffentlichen Versorgungseinrichtungen (Ärzte/Krankenhäuser/
  Apotheken/Behörden usw.)?
- ...

3. Soziale Lage und spezielle Infrastruktur

- Gibt es eine Kindertagesstätte, Schule, Altenheim usw. am Ort?
- Welche Bildungseinrichtungen gibt es?
- Welche Traditionen/Normen und Werte haben sich herausgebildet?
- Welche Vereine/Einrichtungen sind vorhanden?
- Wie ist die soziale Lage einzelner Altersgruppen (Anzahl an Kindern, Nachbarschafts-
  hilfe usw.)?
- Welche Sozialkontakte haben die Generationen untereinander?
- Welche Einkommensverhältnisse haben die Menschen (kleine/mittlere/hohe Einkom-
  men/Renten/Pensionen)?
- Wie ist der Kontakt der Bürger untereinander?
- Wo begegnen sich die Generationen?
- ...

4. Freizeit und Aktivitäten

- Welche Aktivitäten gibt es für verschiedene Gruppen: Kinder, Jugendliche, Alleinerzie-
  hende, Alte?
- Welche Freizeitaktivitäten gibt es im Ort (Kneipe/Kino/Vereine/...)?
- Gibt es ein Schwimmbad, einen Park, Spielplatz, Minigolf, ...?
- ...

5. Netzwerk mit anderen Einrichtungen

- Gibt es eine Bereitschaft und Fähigkeit der Bürgerinnen und Bürger/Vereine zur Partizi-
  pation?
- Gibt es eine abgestimmte Zusammenarbeit einzelner Einrichtungen?
- Welche Rolle spielt die Kirchengemeinde für Bürgerinnen und Bürger?
- Welche Hilfen gibt es für Familien oder Ältere (Haushaltsbetreuung/Beratungsstellen/...)?
- Gibt es ambulante Pflegedienste?
- ...

6. Statistische Daten zusammentragen

- Welche genauen Daten etc. sollen von Behörden erfragt werden (Altersstruktur – Ein-
  wohnermeldeamt/Kriminalität – Polizei usw.)?
- Welche Daten kann die Kirchengemeinde beisteuern (Kindertagesstätte, Konfirmandenarbeit, Gemeinderegister mit Altersstruktur/Statistik-Programm ...)?
- ...

 Das Arbeitsblatt 2 zur digitalen Bearbeitung und zum Ausdrucken finden
Sie auf http://blog.kohlhammer.de/theologie/gemeinde-geht-weiter/

Methoden zur Erkundung von Sozialräumen

Wie lassen sich Daten am besten ermitteln? Wie soll das einfach und unkompliziert geschehen? Dazu helfen einige einfache Methoden (eine Auswahl):

- Stadtteilbegehung.
  Machen Sie eine Stadtteil- oder Dorfbegehung. Was beobachten Sie? Was fällt Ihnen auf? Wie interpretieren Sie das Beobachtete?
- Mit Gruppen unterwegs.
  Begehen sie den Sozialraum zusammen mit Konfirmanden, mit älteren Menschen, … und reden Sie über das Leben am Ort. Sie erhalten viele Informationen über Themen, Wünsche, Probleme vor Ort und wie die Menschen Kirche sehen.
- Ausstellung organisieren.
  Starten Sie ein Projekt »Stadtteil im Bild«, einen Fotostreifzug durch den Sozialraum, der die Lebensbedingungen und Alltagsgewohnheiten visualisiert. Die Fotos können Sie in einer Ausstellung zeigen.
- Fragebogenaktion.
  Machen Sie auf dem Wochenmarkt eine kleine Umfrage mit wenigen, schnell auswertbaren Fragen.
- Stadtplan.
  Stecken Sie Pinnnadeln in den Stadtplan und markieren Sie Ärzte, Geschäfte, Einrichtungen, um einen Überblick über die Infrastruktur Ihres Ortes, Ihrer Region, Ihres Kirchenkreises zu bekommen.
- Daten der Kommune.
  Fragen Sie statistische Daten bei der Kommune ab: Anteil der verschiedenen Altersgruppen an der Bevölkerung, zu erwartende demografische Entwicklung, Anzahl sozialer und kultureller Einrichtungen usw.
- Kirchendaten
  Vergleichen Sie die statistischen Daten für die ganze Kommune mit den eigenen kirchlichen Daten.

Vielleicht gehen Ihnen bei der Bearbeitung schon die Augen auf. Die Beantwortung der Sozialraumfragen kann Ihnen helfen, wenn Sie im nächsten Schritt danach fragen: »Wer sind wir«.

Wir schauen auf Milieus

Um zu verstehen, wie Menschen »ticken«, reicht es nicht, ihr Lebensalter oder Geschlecht zu kennen. Die Milieuperspektive ist eine »Sehhilfe«, mit der man unterschiedliche Erwartungen und Bedürfnisse von Menschen herausfinden kann. Der eigentliche Gewinn liegt in der Wahrnehmung, dass es solche Milieus überhaupt gibt. Manchmal fällt es nach einer Milieuanalyse wie Schuppen von den Augen, warum manches läuft und anderes nicht klappen will.

Claudia Schulz, Eberhard Hauschildt und Eike Kohler haben sechs Milieus evangelischer Kirchenmitglieder beschrieben:

Hochkulturelle	Anspruchsvolle Vorträge und Predigten, niveauvolle Kirchenkonzerte
Bodenständige	Kirchliche Traditionen und Feste
Zurückgezogene	Kirche als Heimat, ohne daran partizipieren zu wollen
Gesellige	Kontakte pflegen, Sinnerfüllung in Gemeinschaft
Kritische	Abkehr von Traditionen, Kritik an Amtskirche, Engagement in Umwelt, Soziales und Eine Welt
Mobile	Überall zu Hause, klassische kirchenferne Mitglieder

Wie zu erwarten, unterscheiden sich die Milieus in ihren Vorstellungen, was Kirche ausmacht:

Den *Hochkulturellen* sind anspruchsvolle Predigten und Kirchenkonzerte mit hoher Qualität wichtig. »Die Kirche hat die Aufgabe, die niveauvollen Gehalte der christlich-abendländischen Kultur zu pflegen. Man distanziert sich dabei von der simplen und volkskirchlichen Kirche, von kirchlichem Kitsch, vom Gottesdienst mit Anfassen oder unreflektierten Abweichungen von der Liturgie.«

Für *Bodenständige* steht ihre »Kirche im Dorf«. Kirchliche Traditionen und Feste haben einen großen Wert. Sie sind kleinbürgerlich und vor Ort verwurzelt. »Man bleibt bei Bewährtem, fürchtet Experimente und Veränderungen.« Bodenständige sind daher am stärksten kirchenverbunden.

Mobile haben keine besondere Beziehung zu Kirche und Religion. Entweder sind sie in der Kirche ohne viel damit anfangen zu können oder sie haben sich längst von ihr verabschiedet. Sofern sie noch zu den Kirchenmitgliedern zählen, sind sie die klassischen »Kirchenfernen«. Mobile mögen soziale Werte, schätzen die kirchlichen Beratungsangebote oder das Engagement der Kirche für Schwache und Benachteiligte.

»Die *Kritischen* grenzen sich ausgeprägt ab von der veralteten, spießigen Kirche, der Hierarchie und der Amtskirche der Hochkulturellen, dem kirchlichen Traditionalismus und vom Kasualchristentum der Bodenständigen, von Posaunenchören und normalen Gottesdiensten.« Als engagierte Menschen sind sie in Umwelt- und Eine-Welt-Gruppen anzutreffen. Jesus Christus gilt für sie als ein Streiter für Gerechtigkeit in der Welt.

Für die *Geselligen* gehört die Kirche einfach dazu. Besondere Gottesdienste wie beispielsweise Weihnachten oder Ostern haben einen Wert an sich. Wenn Gesellige Gleichgesinnte in der Kirche finden, »erleben sie Gemeinschaft und ein Miteinander.« Kontakte pflegen ist ihnen wichtiger als die thematischen Angebote.

Kirche ist für die *Zurückgezogenen* »eine alte Heimat«, ohne selber direkt Angebote wahrzunehmen. Die Gemeinschaftsstrukturen in der Kirche passen nicht so ganz zu

den eigenen Interessen. Veränderungen in der Kirche werden mit gemischten Gefüh-
len betrachtet.[1]

Versuchen Sie einmal, verschiedene Milieu-Typen in Ihren Kirchengemeinden zu
identifizieren. Welchem Milieu würden Sie sich persönlich zuordnen? Welche Milieus
bilden die Kerngemeinde? Und wie würden Sie Kirchenferne charakterisieren?

Trends und Entwicklungen wahrnehmen und bewerten

Nachdem Sie sich der Milieubetrachtung zugewandt und eine Sozialraumerkundung
durchgeführt haben, geht es darum, Trends und Entwicklungen daraus abzuleiten.

Kirche ist keine Insel. Sie steht in enger Wechselwirkung mit ihrer Umwelt. Verändert sich die Umwelt, kann dies für eine Gemeinde, eine regionale Kooperationszone
oder ein Dekanat eine Chance oder ein Risiko bedeuten. Wie schätzen Sie die künfti-
gen sozialen, politischen, gesellschaftlichen und wirtschaftlichen Entwicklungen für
die Bürgerinnen und Bürger in Ihrer Region ein? Wo liegen darin Risiken und wo
neue Herausforderungen und Chancen für kirchliche Arbeit?

Tragen Sie Ihre Ergebnisse in die Tabelle ein und diskutieren Sie die Chancen und
Risiken für die weitere Entwicklung von Kirche am Ort, in der Region, im Kirchenkreis.

Umweltkonzept	Ermittelte Entwicklungen	Umschreibung möglicher	
		Chancen	Risiken
Kirche			
Kultur			
Gesellschaft			
Wirtschaft			
Politik			

 Das Arbeitsblatt 3 zur digitalen Bearbeitung und zum Ausdrucken finden
Sie auf http://blog.kohlhammer.de/theologie/gemeinde-geht-weiter/

---

1 Der Überblick über die Milieus ist entnommen aus: Erhardt/Hoffmann/Roos, Altenarbeit
weiterdenken. Theorien – Konzepte – Praxis, 60f.

Fortsetzung des Beispiels Konfirmandenarbeit

2. Wer lebt hier? Lebenswelt wahrnehmen.

1. Wir erkunden den Sozialraum

Unsere Gemeinde besteht aus drei Dörfern in der Nähe einer größeren Stadt. Die 17 derzeitigen Konfirmandinnen und Konfirmanden besuchen sieben verschiedene Schulen aller Schularten, von denen drei Ganztagsbetreuung anbieten.

Die Schüler verlassen in der Regel ihre Wohnung zwischen 6.30 Uhr und 7.15 Uhr und kommen zwischen 14.00 und 15.00 Uhr wieder zurück. Sieben Konfirmandinnen und Konfirmanden nehmen die Ganztagsangebote wahr und kommen erst gegen 17.00 Uhr wieder nach Hause.

Freizeitaktivitäten gibt es im Ort und in der nahegelegenen Stadt. Sechs Konfirmanden sind im rührigen Sportverein engagiert, wo am späteren Nachmittag Trainings und am Wochenende Wettkämpfe stattfinden. Fünf spielen im Musikverein, der sonntags häufig Auftritte hat und während der Woche am Abend Proben abhält.

Einen Jugendtreff oder ähnliches gibt es nicht. Die Jugendlichen treffen sich gelegentlich im Dorf am Bushäuschen oder auf dem Spielplatz. Die Schule wirkt sich allerdings auf die Sozialkontakte prägend aus. Freundschaften und Gruppen bilden sich entlang der Schulzugehörigkeit, so dass sie sich am Wochenende, bei Geburtstagsfeiern etc. häufig in der Stadt treffen.

Drei Konfirmanden haben getrennt lebende Eltern und sind am Wochenende regelmäßig bei dem Elternteil, bei dem sie während der Woche nicht wohnen.

2. Wir schauen auf die Milieus

Die Milieuzugehörigkeit von Jugendlichen zwischen 12 und 14 Jahren ist noch nicht festgelegt. Die Konfirmandeninnen und Konfirmanden kommen zu 60 % aus kleinbürgerlichen Elternhäusern, die vor allem den Bodenständigen und den Geselligen zuzurechnen sind.

Erfahrungen zeigen, dass von den Eltern kirchliche Feste angenommen werden, kirchliches Engagement aber schwach ausgeprägt ist. Die Eltern, die den Geselligen zuzurechnen sind, lassen sich gut auf Grillabende oder punktuelle Mitarbeit im Zusammenhang mit der Konfirmandenarbeit ansprechen.

Nicht vorhanden sind die Hochkulturellen. Die Kritischen und Mobilen machen nur einen kleinen Teil der Elternschaft aus, der sich aber, wenn er erscheint, deutlich artikuliert.

3. Trends und Entwicklungen wahrnehmen und bewerten

Der Trend zur Ganztagsschule ist ungebrochen. Auch die Wochenenden sind häufig langfristig und sehr verbindlich verplant. Zwischen den Jugendlichen, die unterschiedliche Schularten besuchen, steigt die Distanz.

Nur noch ca. 80% der Getauften lassen sich konfirmieren, Tendenz abnehmend. Während noch vor wenigen Jahren die Eltern und Großeltern auf die Konfirmation drangen, geben sie immer stärker die Entscheidung an die Kinder ab. Die Teilnahme an der Konfirmandenarbeit wird dadurch immer stärker zur individuellen Entscheidung der Jugendlichen. Die Haltung von Klassenkameraden spielt häufig eine wichtige Rolle.

Die Schule gewinnt für die Jugendlichen und ihre Eltern an Bedeutung, je höher die Bildungsstufe desto mehr.

Die Anzahl der Jugendlichen zwischen 12 und 14 Jahren nimmt demographisch bedingt ab.

Zukünftig wird der Pfarrer unserer Gemeinde wahrscheinlich noch für zwei weitere Dörfer zuständig sein. Die Landeskirche regt an, mehr Arbeitsfelder in regionaler Kooperation zu gestalten (u. a. auch die Konfirmandenarbeit), weil die Anzahl der Pfarrer rückläufig ist.

3.   Wer sind wir?
Aufgaben erkennen

Schauen Sie in den Spiegel: Wer sind wir als Kirchengemeinde, wer als Region oder Kirchenbezirk? Welche Stärken, welche Ressourcen und Potentiale bringen wir mit? Was ist uns wichtig? Wofür stehen wir? Wer sich selbst kennt, kann eher die Konzepte entwickeln, die passen.

Trends und Entwicklungen gibt es nicht nur in der kirchlichen Umwelt, sondern auch in der Kirche selbst: wie entwickeln sich die Mitgliederzahlen, wie die hauptamtliche Mitarbeiterschaft, wie der Gebäudebestand?

Wie in Teil I Kapitel 2 gezeigt, leben wir unter neuen Bedingungen, mit denen konstruktiv umgegangen werden muss. Die dort beschriebenen Entwicklungen zeigen einen allgemeinen Trend. Vor Ort kann es aber anders aussehen. Während in Ballungsräumen durch Zuzüge die Mitgliederzahlen womöglich steigen, gehen sie in anderen Regionen zwar langsam, aber auf lange Sicht zurück. Das hat Auswirkungen auf Finanzen und Personal. Und was heute so ist, kann morgen anders sein. Je bewegter die äußeren und inneren Rahmenbedingungen, desto beweglicher muss Kirche sein. Sie orientiert sich dabei an ihrem Auftrag. Ihre Gestalt folgt der Frage, wie dieser Auftrag in veränderlichen, fluiden Kontexten gelebt werden kann.

Nachdem Sie bereits einen Blick auf den Sozialraum und die Milieus, auf Trends und Entwicklungen geworfen haben, schauen Sie nun auf sich selbst, bevor Sie über Ihr Wollen, Ihre Ziele nachdenken. Dabei sind zwei Aspekte wichtig:

Wer sind wir?

- Wo lagen in den letzten Jahren unsere Schwerpunkte? Was wollten wir erreichen und wie wollten wir es erreichen?
- Was können wir gut? Was können wir nicht so gut?
- Woran haben wir Freude? Was macht uns keinen Spaß?
- Was ist uns wichtig? Wofür stehen wir? Was macht unsere Identität aus?
- Wie werden wir von Außen wahrgenommen?
  - Welche Rolle spielen wir im Konzert der einzelnen Akteure (Vereine, Verbände)? Wenn wir sie fragen, wie sie uns sehen, was werden sie sagen?
  - In welchem Zustand sind die kirchlichen Gebäude und die Freiflächen? Wie wirkt das? Was sagt das über uns aus?
  - Was schätzen unsere Kooperationspartner an uns?
  - Welchen Eindruck haben die Menschen von uns?
  - Was erwarten sie von uns?

Welche Ressourcen haben wir?

Wie steht es um die finanziellen, räumlichen und personellen Ressourcen, über die Sie verfügen – oder verfügen könnten?

Mitarbeitende:

Wichtig fürs Gelingen ist es, genügend Mitarbeitende zu haben. Welche Ehrenamtlichen sind schon bei Ihnen engagiert, wen gibt es noch in der Region und im Kirchenkreis?

Andere Akteure:

Regionale Vernetzung heißt: Nicht mehr alles und nicht mehr alles alleine machen. Nutzen Sie Erfahrungen und Ressourcen anderer und schaffen Sie Synergieeffekte. Wichtig: Kooperation und Vernetzung sind auch über die Kirchengemeinden hinaus möglich.

Innerkirchlich: Es gibt eine Vielzahl von kirchlichen Einrichtungen und Stellen, die für Sie hilfreiche Netzwerkpartner werden können. Dabei lautet die zentrale Frage: Wer kann wie zur Entwicklung und Umsetzung Ihrer Konzepte beitragen? Wer wäre ein Gewinn? Betrachten Sie unter dieser Fragestellung einmal

* Pfarrerinnen und Pfarrer im Schuldienst, in der Krankenhausseelsorge ...
* Gemeindepädagogische Dienste und Jugendzentralen
* Organisten, Chöre, Bands ...
* Diakonische Einrichtungen wie Beratungsstellen, Sozialstationen, Altenheime ...
* Kindertagesstätten
* Verwaltungsämter
* Gemeinden anderer Konfession.

Nichtkirchlich: Die Kirchengemeinde ist nicht die einzige Organisation am Ort. Mit welchen Organisationen, Vereinen, kommunalen Trägern könnten Sie bei welchen Themen zusammenarbeiten? Es geht um Netzwerkbildung unterschiedlicher, sich wechselseitig ergänzender Akteure, bei der jede und jeder insbesondere das beiträgt, was nur sie/er aufgrund ihrer/seiner Position und Rolle beitragen kann. Zusammenarbeit im Netzwerk geschieht über die Entwicklung und Umsetzung gemeinsamer Konzepte.

Räume:

Die räumlichen Voraussetzungen, also Kirche, Gemeindehaus, Kindertagesstätte, Freigelände etc. sind schnell für eine Nutzung überprüft. Über welche Räumlichkeiten verfügen Sie? Welche Räume sind für welche Milieus geeignet bzw. ungeeignet? Die Ästhetik der Gemeinderäume und die Vorstellungen der unterschiedlichen Milieus passen nicht immer zusammen.

Finanzen:

Welche finanziellen Mittel stehen Ihnen zur Verfügung? Wie können Sie weitere Mittel generieren?

Unsere Stärken – unsere Schwächen

Versuchen Sie in einem weiteren Schritt Ihre Stärken und Schwächen zu identifizieren. So lässt sich herausarbeiten, was Sie leisten können, welche Kompetenzen vorhanden sind, aber auch wo die eigenen Grenzen liegen.

Lernen Sie Ihre Stärken und Ihre Schwächen kennen. Begrüßen Sie beide als gute Freunde, mit denen Sie unterwegs sind. Dann können Sie eine Situation viel leichter so beeinflussen wie es zu Ihnen passt.

Fragen Sie sich:

1. Welche Stärken können wir in unserer Situation nutzen? Auf welche Mitarbeitenden können wir bauen, was sind deren Kompetenzen? Welche weiteren Ressourcen haben wir oder können wir erschließen?
2. Wo liegen unsere Schwachpunkte? Warum klappt etwas nicht? Welche Mittel fehlen uns?

Tragen Sie Ihre Gedanken in einem Raster zusammen.

Unsere Stärken	Unsere Schwächen

 Das Arbeitsblatt 4 zur digitalen Bearbeitung und zum Ausdrucken finden Sie auf http://blog.kohlhammer.de/theologie/gemeinde-geht-weiter/

Fortsetzung des Beispiels Konfirmandenarbeit

3. Wer sind wir? Aufgaben erkennen.

1. Wer sind wir?

In den vergangenen Jahren lag der Schwerpunkt unserer Kirchengemeinde auf der Frauen- und Seniorenarbeit und dem Kirchenchor, dem viele Frauen und Senioren angehören.

Die Konfirmandenarbeit lief eher nebenbei mit. Wöchentlich wurde eine 45-minütige Konfirmandenstunde durchgeführt, zu Beginn eine Wochenendfreizeit und zur Vorbereitung der Konfirmation ein Konfirmandentag.

Ehrenamtlich Mitarbeitende in der Konfirmandenarbeit gibt es keine. Es besteht Unzufriedenheit mit der Uhrzeit der Treffen. Einzelne Jugendliche können schulbedingt manchmal nicht an der Konfirmandenarbeit teilnehmen. Die Arbeit im einstündigen Unterricht wird durch Abhören und Arbeiten mit Arbeitsblättern dominiert, was für einen größeren Teil der Konfirmanden ungewohnt und ungünstig ist. Die Konfirmanden*arbeit* ist eher Konfirmanden*unterricht*.

Die Freizeiten sind dagegen immer Highlights – auch weil ein Mitarbeiter der Jugendzentrale beteiligt ist.

2. Welche Ressourcen haben wir?

Mitarbeitende: Außer dem Pfarrer gibt es keine Mitarbeitende in der Konfirmandenarbeit.

Andere Akteure:

innerkirchlich:

Jugendzentrale in ca. 15 km Entfernung.

Pfarrerinnen und Pfarrer als Religionslehrer in drei der sieben Schulen.

An einer Schule zwei Religionslehrerinnen.

In der Gemeinde leben eine Sonderpädagogin und ein Grundschullehrer

Punktuell Eltern als Ehrenamtliche (Fahrdienst, Kochen, Betreuung).

nichtkirchlich:

Jugendarbeiter der Verbandsgemeinde in 8 km Entfernung.

Räume:

Im Gemeindehaus gibt es einen Saal, der für alle Gemeindeveranstaltungen genutzt wird, darin wird auch die Konfirmandenarbeit gemacht.

Finanzen:

Im Haushaltsplan sind für Konfirmandenarbeit und Jugendarbeit 400,-€ eingestellt.

3. Unsere Stärken – unsere Schwächen

Unsere Stärken	Unsere Schwächen
Neues Presbyterium will eine bessere Konfirmandenarbeit	Personalausstattung: nur Pfarrer, keine Ehrenamtlichen
Dafür könnte auch mehr Geld zur Verfügung gestellt werden	Räumlichkeiten nicht jugendgemäß, eher Schulatmosphäre
Ggf. regionale Kooperation	Kein gutes Konzept

4. Wohin soll es gehen?
    Leitbild entwickeln.

Werden Sie sich klar: Wo soll es zukünftig hingehen? Legen Sie gemeinsam fest, was Sie erreichen wollen, welcher Leitidee Sie folgen und welche konkreten Ziele Sie ansteuern möchten.

Im ersten Schritt konnten Sie sich ihrer kirchenbezogenen Wertvorstellungen vergewissern. In Schritt 2 haben Sie Ihren Sozialraum erkundet und die dort wahrnehmbaren Trends auf Chancen und Risiken befragt. Danach haben Sie im dritten Schritt einen Blick auf sich selbst geworfen, auf Ihre Ressourcen und bisherigen Arbeitsweisen mit ihren Stärken und Schwächen. Dabei sind erste Ideen entstanden.

Nun geht es darum zu überlegen, welche Konsequenzen daraus zu ziehen sind. Was wollen Sie zukünftig ändern oder angehen? Wie soll Ihre Kirchenpolitik als »Gestaltung Ihres kirchlichen Gemeinwesens« und zentrale Leitungsaufgabe aussehen? Die kirchenpolitischen Leitungsinstrumente sind Leitbilder und Konzepte (vgl. Teil I, Kap. 4, vor allem Abb. 8, S. 55).

»Wohin soll es gehen?« ist die eigentliche Leitbildfrage. Sie zielt darauf, dass Sie sich (neu) positionieren: Wie deuten »wir« die aktuelle Lage im Licht des Evangeliums? Wofür stehen »wir« in dieser Situation öffentlich ein? Was ist uns wichtig, was wollen wir also tun und was wollen wir lassen? Wo wollen »Wir« in zehn bis 15 Jahren mit unseren Gemeinden / unserer Region / unserem Kirchenbezirk sein, wie wollen wir sein und wer wollen wir sein? Mit diesen Fragen wird ein Prozess des Vor-Denkens eingeleitet.

Damit ist deutlich: Wenn wir von Leitbild sprechen, meinen wir keine belanglosen Richtigkeiten oder guten Absichten, sondern *Entscheidungen* zu den genannten Leitbildfragen. Ein Leitbild für die Schublade oder den Schaukasten ist kein Leitungsinstrument wie es gebraucht wird.

Weil Leitbilder wirkungslos bleiben, wenn sie nicht konkretisiert werden, ist es entscheidend, dass Sie ihre Vision in pragmatischen Schritten angehen. Deshalb schließen sich die Konzeptfragen unmittelbar an: wo wollen wir in fünf, wo in zwei Jahren stehen? Mit welchen Mitteln und auf welchen Wegen wollen wir unsere Ziele erreichen?

Abbildung 11 stellt den Zusammenhang der Schritte 1 bis 5 dar.

Leitbild entwickeln

Das Leitbild ist der allgemeinste Teil der Kirchenpolitik. In ihm arbeiten Sie die wesentlichsten Merkmale heraus, die Ihr »Wir« zukünftig auszeichnen sollen. Das

Leitbild ist eine Art realistisches Idealbild, das in der Regel vom Ist-Zustand abweicht und Ziele enthält, die anstrebenswert und realisierbar sind. Es entwirft ein Zukunftsbild, mit dem der Kurs für die nächsten fünf bis zehn Jahre festgelegt wird. Die Ausgangsfrage lautet: wie soll unsere Landeskirche, unser Kirchenbezirk, unsere Kooperationszone, unsere Gemeinde, unser Dienst in zehn Jahren aussehen?

Ausgehend von den Ergebnissen der Lagebeurteilung stellen Sie die Umwelt- und Organisationsprognose Ihren Wertvorstellungen über Kirche gegenüber und positionieren Ihre Gemeinde, Region, ihren Kirchenkreis grundlegend.

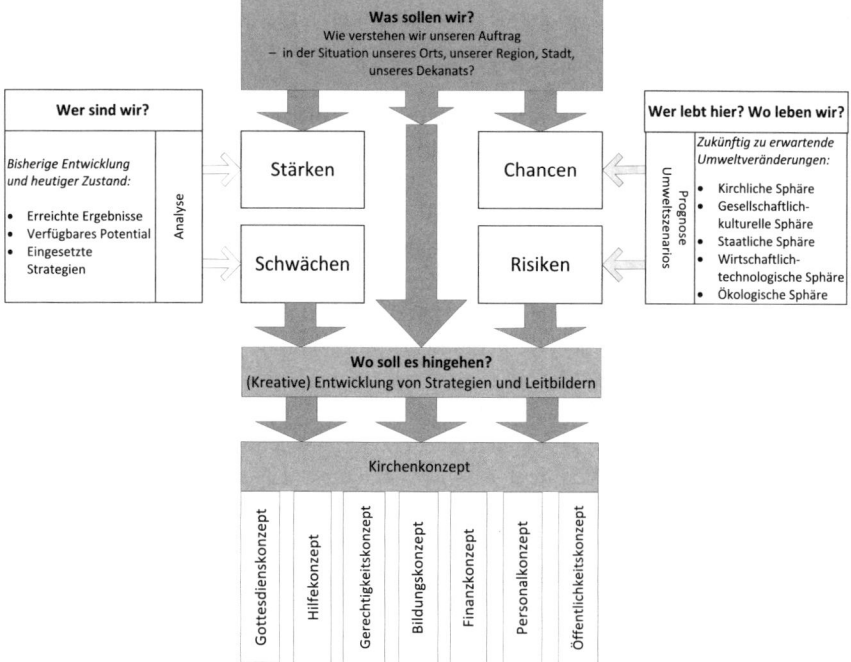

Abb. 11: Zusammenhang von Lagebeurteilung, Leitbild und Konzepten

Wir beschreiben die Lage

Wie sieht die Lebenswirklichkeit der Menschen im Ort aus? Welche Wünsche/Interessen wurden ermittelt? Wer hat sich interessiert gezeigt? Welche Risiken und Chancen bestehen? Wodurch sind wir selbst geprägt in der Entwicklung der letzten Jahre, was sind unsere Stärken und Schwächen?

Wir bedenken die Lage

Was für eine Kirche brauchen die Menschen, die in unserer Region leben? Wo sind wir als Christinnen hier in dieser Region von unserem Glauben her herausgefordert?

Für welche Menschen wollen wir zukünftig stärker da sein? Mit welchen Menschen wollen wir Kirche sein? Was wollen wir künftig tun und sein? Was nicht? Wie wollen wir sein? Wie nicht? Wie werden wir aktuell von Außen wahrgenommen, wie möchten wir zukünftig wahrgenommen werden? Wie nicht? Welche ersten Ideen haben sich ergeben?

Wir formulieren das Leitbild

Danach beantworten Sie die drei Leitbildfragen:

- Wer sind wir? (Corporate Identity)
- Was sollen/wollen wir? (Leitziele)
- Wohin soll es gehen? Wo wollen wir in fünf bis zehn Jahren stehen, welche Vision leitet uns? (vgl. zu diesen Fragen S. 53f.).

Beantworten Sie diese Fragen schriftlich und in der gebotenen Kürze, auf etwa ein bis drei Seiten. (Falls Sie sich wie in unserem Beispiel auf ein Teilkonzept beschränken, fallen die Antworten kürzer aus).

Dadurch legen Sie den Kurs für Ihre Gemeinde, Ihre Kooperation, Ihren Kirchenbezirk fest. Fragen Sie sich ganz konkret: Welche Ziele verfolgen wir in unserer Situation und unserer Lebenswelt?

Leitbildarbeit ist dezidiert als geistliches Leiten und theologische Arbeit zu verstehen, insofern die Lagebeurteilung von Kirche und Umwelt mit dem eigenen Verständnis von Kirche und ihrem Auftrag konfrontiert wird. Es geht um die Beantwortung der Frage: Wie deuten wir die aktuelle Lage im Licht des Evangeliums? Wofür stehen wir in dieser Lage öffentlich ein? Wo wollen wir in zehn Jahren stehen? (vgl. Teil I, Kapitel 6).

Wir entscheiden über die zu entwickelnden Konzepte

Die Leitbildfrage »Wohin soll es gehen?« impliziert, dass Sie sich auch entscheiden, welche Teilkonzepte Sie konkret erarbeiten wollen. Diese Entscheidung ist Teil des Leitbilds.

Im Zentrum der Teilkonzeptentwicklung stehen die Handlungsfelder, die Kirche nicht vernachlässigen kann, wenn sie Kirche sein will: Verkündigung, Bildung, Hilfe, Gerechtigkeit. Entscheiden Sie, welche konkreten Aufgaben Sie in diesen Bereichen angehen wollen.

Soll im Bereich Bildung ein Konzept zur Arbeit mit Kindern entwickelt werden oder ein Konfirmandenarbeitskonzept? Oder ein Bildungskonzept für Senioren?

Soll im Bereich Gerechtigkeit ein Gemeinwesendiakonie-Konzept erarbeitet werden oder ein Konzept zur Förderung gerechten Handelns mit Entwicklungsländern?

Damit Sie auf diesen Feldern handeln können, brauchen Sie aber auch Finanzen, Mitarbeitende und Leitung – und dazu jeweils Konzepte.

Im Folgenden haben wir zu den zentralen kirchlichen Handlungsfeldern mögliche konkrete Teilkonzeptthemen aufgelistet und darunter Fragen formuliert, die bei der Vertiefung in die Teilbereiche hilfreich sind.

Verkündigungskonzept

- Gottesdienstkonzept
- Musik-Theater-Kunst-Kultur-Konzept (Krippen- und Passionsspiele, theologisches Theater etc.)

Fragen:

- Wie ist Verkündigung aktuell bei uns strukturiert und organisiert?
- Welche Stile, Zeiten und Gestaltungsformen gibt es?
- Welche Milieus, Altersgruppen nehmen an Gottesdiensten teil, welche nicht?
- Welche Stärken/Schwächen hat unser aktuelles Verkündigungshandeln?
- Wo liegen Risiken und Chancen in den Umwelt- und Inwelttrends?
- Was für ein Verkündigungshandeln wird zukünftig gebraucht? Welche Milieus, welche zeitlichen, inhaltlichen und liturgischen Bedürfnisse und Bedarfe gibt es?
- Wo wollen wir unser Verkündigungshandeln mit dem örtlichen und öffentlichen Leben verknüpfen? Wie?
- Welche haupt- und ehrenamtlichen Mitarbeitenden stehen uns für Verkündigung, Liturgie und kirchenmusikalische Gestaltung zur Verfügung? Welche Personen, Gruppen, Organisationen könnten wir ansprechen als zukünftige Partner/Mitwirkende?
- Wie viele Gottesdienste können wir so gestalten, dass sie unseren Qualitätsansprüchen genügen? Welche wären das?
- An wie vielen/welchen Orten müssen/sollten wir zukünftig Gottesdienst feiern?
- Wie oft sollte wo ein Gottesdienst stattfinden?
- Welche Gottesdienste sollten zusammen gefeiert werden? Welche nur an einem Ort in der Region, im Kirchenbezirk?
- Wie könnten wir uns zeitlich und inhaltlich abstimmen?
- Zu welchen Gottesdiensten hätten wir selbst Lust?
- Wie lässt sich unser Verkündigungshandeln mit unserem Bildungs-, Hilfe- und Gerechtigkeitshandeln verknüpfen?
- Was lassen wir zukünftig? Was stärken wir? Was verändern wir? Was fangen wir neu an?
- Wie kommunizieren wir unser Verkündigungshandeln?
- Etc.

Ein ausgezeichnetes Beispiel eines Gottesdienstkonzepts für ein Dekanat finden Sie unter: http://blog.kohlhammer.de/theologie/gemeinde-geht-weiter/

Bildungskonzept

- Kindertagesstätten und Kinderarbeit-Konzept
- Konfirmandenarbeit-Konzept
- Jugendarbeit-Konzept
- Konzept der Mitarbeit im öffentlichen Schulwesen
- Erwachsenenbildung-Konzept
- Bildungsarbeit mit Senioren

Fragen:

- Welche Bildungsaktivitäten gibt es bei uns, welche nicht?
- Welche bildungspolitischen Funktionen hat unsere Gemeinde, Region, unser Kirchenkreis bisher wahrgenommen? Welche sollte er in Zukunft wahrnehmen?
- Inwiefern berücksichtigt unser Bildungshandeln die spirituellen, persönlichen, sozialen und altersbedingten Bedürfnisse der jeweiligen Menschen?
- Wie sieht die regionale kirchliche und nichtkirchliche Bildungslandschaft aus? Wer agiert noch in diesem Handlungsfeld? Wer könnte ein Partner oder Mitwirkender sein (z. B. Pfarrerinnen im Gestellungsvertrag an Schulen)?
- Welche Stärken und Schwächen hat unser Bildungshandeln, welche Chancen bieten sich, welche grundlegenden oder aktuellen Herausforderungen stellen sich?
- Was soll nicht mehr, was anders gemacht werden? Was soll neu angepackt werden?
- Welche Funktion soll dann unsere Kinder-, Konfirmanden-, Jugend-, Erwachsenen-, Seniorenbildung erfüllen?
- Wie kommunizieren wir unser Bildungshandeln?
- Etc.

Hilfekonzept

- Seelsorge-Konzept
- Diakonie-Konzept

Fragen:

- Was tun wir seelsorgerlich und diakonisch in unseren Gemeinden, unserer Region, unserem Kirchenbezirk? Was tun wir nicht?
- Was in diesem Handlungsfeld ist als Stärke anzusehen, was als Schwäche?
- Welche Chancen zu seelsorgerlichem und diakonischem Handeln können stärker genutzt werden, welche Risiken und Herausforderungen erfordern eine neue Positionierung?
- Welche haupt- und ehrenamtlich Mitarbeitenden haben wir?
- Wer bietet noch Hilfe für einzelne? Wer könnte zukünftig ein Partner oder Mitarbeitender sein?
- Wie sind wir finanziell für diese Arbeit ausgestattet?

- Was bauen wir aus oder auf? Was bauen wir ab?
- Wie sind die gegebenen Möglichkeiten strategisch anzugehen?
- Wie kommunizieren wir unser Hilfe-/Diakoniekonzept?
- Etc.

Gerechtigkeitskonzept

- Gemeinwesendiakonie-Konzept
- Konzepte zu Frieden, Gerechtigkeit, Bewahrung der Schöpfung

Fragen:

- Wo engagieren wir uns für Gerechtigkeit und gerechtere Verhältnisse in unseren Gemeinden, unserer Region, unserem Kirchenkreis?
- Wo stellen sich neue Herausforderungen? Wo liegen Risiken unserer Arbeit?
- Wie viele haupt- und ehrenamtlich Mitarbeitende haben wir? Wie viele werden wir zukünftig haben?
- Wer arbeitet noch an Verbesserungen im Sozialraum? Wer könnte ein Partner oder Mitwirkender sein?
- Was bauen wir auf, was bauen wir ab, aus Glaube, Liebe und Hoffnung und um Zeugnis abzulegen von der Menschenfreundlichkeit Gottes?
- Wie können die bestehenden Möglichkeiten strategisch angegangen werden?
- Wie kommunizieren wir unser Konzept?
- Etc.

Finanzkonzept

- Wie ist unsere finanzielle Lage?
- Mit welchen Entwicklungen ist zu rechnen im besten Fall, im mittleren Fall, im schlimmsten Fall – in einem, drei, fünf, zehn Jahren?
- Welche Möglichkeiten der Ausgabenminderung gibt es? Welche Möglichkeiten der Einnahmesteigerung?
- Wie definieren wir die Grundsätze und Eckpunkte unseres Finanzkonzeptes. Arbeiten wir nach dem Prinzip der Kostendeckung? Welche Handlungsfelder werden bezuschusst? Welche sollen Gewinn erwirtschaften?
- Wie können wir die harten finanziellen Fakten und die theologisch bestimmte Zielorientierung gut zusammenbringen?
- Etc.

Personalkonzept

- Wie viele haupt- und ehrenamtlich Mitarbeitende haben wir?
- Wie viele hauptamtlich Mitarbeitende werden wir haben in einem, zwei, fünf, zehn Jahren?

- Wie gewinnen, qualifizieren und begleiten wir Ehrenamtliche? Für welche Arbeit? Wie viele?
- Wie viele Hauptamtliche sollen zukünftig wofür eingesetzt werden? Wer muss dementsprechend qualifiziert werden? Wer muss sich umorientieren und neu qualifizieren?
- Welche Qualifikationsanforderungen für welche Arbeit stellen wir?
- Wer sollte welche Fortbildungsmaßnahmen ergreifen?
- Etc.

Umweltkonzept

In Schritt 2 haben Sie bereits ihre Umwelt analysiert. Hier geht es darum, sich zu ihr zu verhalten.

- Wie sind wir bisher mit relevanten Umwelten umgegangen? Wie entwickeln wir unseren Umgang damit weiter?
- Auf welche Beziehungen legen wir welches Gewicht?
- Wie gestalten wir die ökumenischen Beziehungen?
- Soll die übergemeindliche Ebene dazu mit einer Stimme sprechen können? Auf welchen Feldern? Auf welchen nicht?
- Etc.

Öffentlichkeitskonzept

- Wie werden wir von innen und außen gesehen?
- Wo liegen Licht und Schatten, Stärken und Schwächen?
- Wie wollen wir zukünftig von innen und außen gesehen werden?
- Wie gestalten wir unser Erscheinungsbild zukünftig? Durch welche Strategie, durch welche Markenzeichen, durch welches Design?
- Etc.

Leitungsstrukturkonzept

- Welche Leitungsstrukturen brauchen wir, um unsere Ziele möglichst gut erreichen und unsere Konzepte möglichst gut umsetzen zu können?
- Welches Führungsmodell, welche Führungsprinzipien tragen unsere Arbeit?
- Was ist die Funktion der Entscheidungsgremien und -personen? Welche Kompetenzen haben sie?
- Welche Prozesse und Wege legen wir für Information, Kommunikation und Entscheidungen fest?
- Welche Regelungen müssen in einer Geschäftsordnung festgehalten werden a) für das Ganze, b) für Teilbereiche? Was gehört in Dienstanweisungen für hauptamtliches Personal, was in Vereinbarungen mit ehrenamtlich Mitarbeitenden?

Nicht vergessen: Verantwortlichkeiten klären

Wenn Sie im nächsten Schritt mit der Ausarbeitung der Teilkonzepte beginnen, sind auch hier wie schon beim Gesamtprozess die Verantwortlichkeiten zu klären:

- Wer hat in der Teilkonzeptgruppe die Leitung und Gesamtverantwortung?
- Welche Personen sind für welche Aufgaben verantwortlich?
- Wie werden ehrenamtlich Mitarbeitende eingebunden?
- Wer muss über was informiert sein?
- Wer ist für die Dokumentation zuständig?
- Welche Fristen sind zu beachten?

Fortsetzung des Beispiels Konfirmandenarbeit

4. Wohin soll es gehen? Leitbild entwickeln.

1. Wir beschreiben die Lage.
Lebenswirklichkeit: vgl. Kapitel 2.

Wünsche und Interessen: die Konfirmandenarbeit soll lebendiger und jugendgemäßer werden. Erste Ideen:

- Mehr Freizeiten.
- Zwei jugendgemäße Gottesdienste mit Konfirmanden pro Jahr.
- Gemeinsames Grillen oder andere Veranstaltungen mit den Eltern.
- Langfristige Planung, um Kollisionen mit der Schule und den Vereinen zu vermeiden.

2. Wir bedenken die Lage.
Wir wünschen uns eine Konfirmandenarbeit,

- die die schulischen Interessen und das Engagement in Vereinen berücksichtigt,
- die nicht auf Lernen wie in der Schule ausgerichtet ist, sondern den Lebensfragen der Jugendlichen Raum gibt und gute Erfahrungen in der Gemeinschaft ermöglicht,
- die so interessant ist, dass man daran teilnimmt und ggf. auch anderes zurückstellt.

3. Wir formulieren das Leitbild
Wer sind wir?

Wir sind das »Netzwerk Konfirmandenarbeit« der Gemeinden x,y,z und der Jugendzentale J im Kirchenkreis D, vertreten durch die Pfarrerinnen und Pfarrer, ehrenamtlich Mitarbeitende und eine Vertreterin der Jugendzentrale. Nach Bedarf suchen wir uns weitere Netzwerkpartner.

Zu unserer gemeinsamen Arbeit haben uns die Presbyterien unserer Gemeinde beauftragt. Ihnen berichten wir über die Ergebnisse unserer Zusammenarbeit zum Zweck gemeinsamer Beratung.

Was sollen/wollen wir?

Um aus der Vereinzelung herauszukommen und mit sinkenden Konfirmandenzahlen konstruktiv umgehen zu können, wollen wir zukünftig in der Konfirmandenarbeit zusammenwirken, unsere Kompetenzen und Ideen sowie unsere personellen und finanziellen Ressourcen bündeln und auch unsere Räumlichkeiten effektiver und kostenschonender nutzen.

Durch unsere Zusammenarbeit soll die Konfirmandenarbeit wieder attraktiver für die Konfirmandinnen und als kirchliches Bildungshandeln besser nach Außen wahrnehmbar sein, auch gegenüber Vereinen und Kommunen.

Wohin soll es gehen?

In fünf Jahren ist die Konfirmandenarbeit in unserer Region ein Bildungsangebot für Jugendliche mit erkennbarem Profil, hoher Bekanntheit und Attraktivität.

Es gibt für die Konfirmandenarbeit ein Öffentlichkeits- und Kommunikationskonzept.

Haupt- und ehrenamtlich Mitarbeitende haben sich weiterqualifiziert und ggf. spezialisiert. Für ehrenamtlich Mitarbeitende liegt ein Personalentwicklungskonzept vor (Gewinnung, Qualifizierung, Einsatz).

In einem Controlling-Konzept wird skizziert, wie die kontinuierliche Steuerungsarbeit geschieht.

5. Wie gelingt, was wir wollen? Konzepte ausarbeiten

Machen Sie's schriftlich: Bevor man aktiv wird, ist es gut, genau zu überlegen, wo es hingehen soll und was alles zu bedenken ist. Das schafft Klarheit, gibt Struktur, macht Spaß – und spart Zeit.

Konzepte entwickeln

Ein Leitbild formuliert allgemeine Zielsetzungen und generelle Verhaltensrichtlinien für die Mitarbeitenden. Um zu prägnanteren Vorgaben für die weitergehende Planung zu gelangen, werden die allgemeinen Aussagen des Leitbildes in Konzepten zu langfristig gültigen Entscheidungen konkretisiert, die für die mittel- und kurzfristige Planung als Vorgaben dienen. Entwickeln Sie jetzt Ihr Teilkonzept bzw. Ihre Teilkonzepte. Im Folgenden beschreiben wir, wie Sie zu einer Konzeptidee und einem Gesamtziel kommen.

Wir entwickeln verschiedene Konzeptideen

Wenn Sie verschiedene Konzeptideen zu einem Teilkonzept haben, skizzieren Sie sie, bis die Konturen erkennbar sind. Dazu helfen folgende Fragen:

- Was?
- Warum und Wozu?
- Mit wem/für wen?
- Wer arbeitet noch in diesem Feld? Könnte er ein Partner sein?

Wir wählen eine Konzeptidee aus

Wenn Sie mehrere Ideen und Zielvorstellungen für ein Teilkonzept skizziert haben, stellen Sie sich folgende Fragen:

- Welche Menschen brauchen uns am meisten? Was eröffnet neue Lebensräume und lässt neue Hoffnung schöpfen?
- Welches Konzept, wenn es umgesetzt wird, trägt mehr dazu bei, dass Menschen Stärkung erfahren, Befreiung, Hilfe, Gerechtigkeit?

- Welches Konzept, wenn Sie es umsetzen, führt zu mehr Freiheit, Frieden und Gerechtigkeit, zu mehr Glaube, Hoffnung und Liebe?
- Welches Konzept schreibt die Geschichten der Bibel am deutlichsten weiter und bringt die Motive unseres Glaubens am besten zur Geltung?

Entscheiden Sie sich, welche Konzeptidee sie auswählen und realisieren möchten.

Wir gestalten die gewählte Konzeptidee aus

Wenn Sie sich auf eine Konzeptidee festgelegt haben, stellen Sie sich zur Ausgestaltung des Konzeptes die Fragen:

- Wie müssten wir das Konzept gestalten, damit es mehr dazu beiträgt, dass Menschen Stärkung erfahren, Befreiung, Hilfe, Gerechtigkeit?
- Wie müssten wir das Konzept gestalten, damit es die Glaubensgeschichten der Bibel deutlicher weiterschreibt?
- Wie müssten wir das Konzept gestalten, damit wir mehr beitragen zu einem guten Leben und Zusammenleben der Menschen im Sozialraum?

Wir formulieren das Gesamtziel des Teilkonzepts

Mit der Formulierung des Gesamtziels beschreiben Sie die wesentlichsten Merkmale, die Ihre Arbeit in diesem Teilbereich zukünftig auszeichnen sollen. Sie positionieren sich und legen Ihren Kurs fest. Fragen Sie sich im Blick auf die Teilkonzepte ganz konkret: Welche Ziele verfolgen wir in unserer Situation und unserer Lebenswelt?

Ein Ziel ist ein definierter und angestrebter Zustand in der Zukunft. Ziele formulieren will gelernt sein. Je besser und klarer ein Ziel formuliert ist, desto höher die Wahrscheinlichkeit, dass es erreicht wird. Im Zweifel gilt: weniger ist mehr.

Formulieren Sie Ihre Ziele SMART:

S	spezifisch	Je konkreter, desto besser.
M	messbar	Die Zielerreichung lässt sich beobachten und messen.
A	anspruchsvoll	Es besteht ein Konsens über die Notwendigkeit der Erreichung des Ziels. Dieses sollte attraktiv und akzeptabel sein.
R	realistisch	Das Ziel ist unter finanziellen, personellen, politischen Rahmenbedingungen prinzipiell erreichbar.
T	terminiert	Ein (realistischer) Zeitrahmen ist möglich und wird festgelegt.

Lassen Sie sich vom Vaterunser ins Gebet nehmen
Oder: Konzeptentwicklung mit dem Vaterunser

Dies ist ein Vorschlag für eine Gesprächsrunde zur Generierung, Reflexion und Modellierung von Konzeptideen. Er hilft zu überlegen: was tun wir warum und wozu? Bedenken Sie mit dem Vaterunser strategische Optionen.

Im ersten Teil des Vaterunsers sind Unterschiede formuliert, die einen Unterschied machen:[1]

»Vater unser im Himmel,
Geheiligt werde *dein* Name/Geheiligt werde ein *anderer* Name.
Geheiligt werde dein Name/*Entweiht* werde dein Name.«
Dein Reiche *komme*/Dein Reich *bleibe fern*.
Dein Reich komme/Das Reich *eines anderen* komme.
Dein Wille geschehe/Der Wille *eines anderen* geschehe.

Bitte betrachten Sie Ihren gemeindlichen Alltag und ihre Konzeptideen im Licht dieser Unterscheidungen:

Wird durch Ihr Konzept Gottes Name geheiligt oder ein anderer Name?
Wird sein Name geheiligt oder entweiht?
Besteht begründete Hoffnung, dass durch Ihr Projekt sein Reich näher kommt?
Oder bleibt es dadurch fern?
Kommt durch Ihr Handeln Gottes Reich näher oder das Reich eines anderen?
Geschieht sein Wille oder der eines anderen?

Den zweiten Teil des Vaterunser kann man so verstehen, dass er die Aufgaben der Kirche formuliert:

Unser täglich Brot gib uns heute: **Brot.**
Und vergib uns unsere Schuld wie auch wir vergeben unsern Schuldigern:
Schuld/enerlass / Teufelskreise durchbrechen / Freiheit herstellen.
Und führe uns nicht in Versuchung, sondern erlöse uns von dem Bösen:
Wahrheit der Verhältnisse.

Trägt Ihr Konzept, wenn Sie es umsetzen, dazu bei? Wie trägt es dazu bei? Wie müsste es ausgestaltet sein, damit es dazu beiträgt?

---

1 Zu diesem Arbeitsblatt angeregt hat die Lektüre von Schuster, Management und Theologie, 196f.

Konzept formulieren

Eine schriftlich verfasste Konzeption ist jederzeit von allen Beteiligten überprüfbar und schafft bessere Voraussetzungen für eine nachvollziehbare Korrektur. Hier finden Sie die wichtigsten Aspekte, die in einem Konzept bedacht werden sollten.

Das Konzept kann sich nicht darauf beschränken, *Ziele* festzulegen, sondern muss auch Entscheidungen über den *Einsatz der vorhandenen Ressourcen* (Mitarbeitende, Gebäude, Finanzen, Informationen, Kenntnisse etc.) und die *Vorgehensweise zur Zielerreichung* treffen.

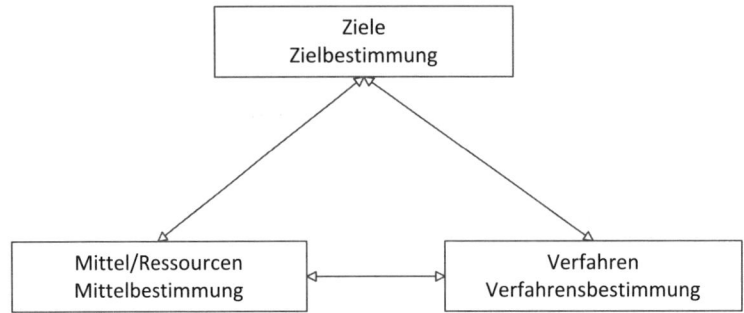

Abb. 12: Ziele – Mittel – Verfahren

Ziele:
Welche Ziele verfolgen wir mit unserem Handeln in unserem Sozialraum? Hier übernehmen Sie die im vorigen Schritt entwickelten Ziele.
Welche Mittel brauchen wir dazu?
Welche Strategien zur Zielerreichung schlagen wir ein?
Was geht, was geht nicht?

Personal:
Welche Kompetenzen, Fähigkeiten, Kenntnisse brauchen wir? Sind diese Kompetenzen bei uns vorhanden? Wer, den wir gewinnen können, hat sie? Wer kann sie sich aneignen? In welcher Zeit? Wo?

Gebäude/Räume:
Welche Räumlichkeiten brauchen wir?
Welche Mittel brauchen wir dazu?
Welche Strategien zur Erreichung unserer Ziele schlagen wir ein?

Finanzen:
Wieviel Geld brauchen wir?
Welche finanziellen Ziele streben wir an?
Welche Strategien zur Erlangung ausreichender Finanzen schlagen wir ein?
Was geht, was geht nicht?

Öffentlichkeitsarbeit:
Welche Ziele streben wir mit unserer Öffentlichkeitsarbeit an?
Wie wollen wir künftig gesehen werden? Wie sollen unser Teilkonzepte wahrgenommen werden?
Welche Mittel und Kompetenzen brauchen wir dazu?
Welche Wege zur Erreichung unserer Ziele schlagen wir ein? Wie gehen wir vor?

Die Konzeptaspekte im Überblick:

	Ziele	Vorhandene Ressourcen	Strategie
Konzept XY	Lebensweltbezug	Personen/Mitarbeitende	
	Auswahl der Handlungsfelder	Räume	
		Technik/technische Möglichkeiten	
	Umfang der Aktivitäten		
		Sachmittel	
Finanzen	Ermittlung der Kosten	Haushaltsmittel	Kosten-Nutzen-Überlegungen
	Beantragung von Zuschüssen etc.	Nicht-materielle Leistungswerte und Ressourcen	
Personal	Generelle mitarbeitendenbezogene Ziele	Mitarbeiterbezogenes Potential: Kompetenzen, Zeitaufwand, Qualifizierung	Richtlinien der Mitarbeit
	Hauptziele der Personalentwicklung		Neue Mitarbeitende gewinnen
Räume	Qualität, Ausstattung, Anzahl	Vorhandene Räume/Gebäude und Außengelände überprüfen	Nutzung mit anderen
	Bewirtungsmöglichkeit etc.		
Öffentlichkeitsarbeit	Kommunikationswege und -mittel festlegen	Personelle Zuweisung und Verantwortung.	Presse Kontaktaufbau
			Berichten

 Das Arbeitsblatt 5 zur digitalen Bearbeitung und zum Ausdrucken finden Sie auf http://blog.kohlhammer.de/theologie/gemeinde-geht-weiter/

Konzept prüfen

Zum Abschluss dieses Schrittes sollten die Entscheidungen des Konzepts anhand folgender Kriterien und Fragen überprüft werden:

Wesentlichkeit:
Enthält das vorgesehene Konzept Entscheidungen, die nicht wesentliche Aspekte betreffen und deshalb entbehrlich sind?

Gültigkeit:
Sind Entscheidungen dabei, die wahrscheinlich schon kurzfristig wieder geändert werden müssen und die deshalb besser korrigiert werden?

Vollständigkeit:
Sind die Konsequenzen, die sich aus den vorgesehenen Zielen für die benötigten Mittel und Vorgehensweisen ergeben, vollständig durchdacht und festgelegt worden?

Wahrheit:
Geben die Entscheidungen des Konzepts die wirklichen Absichten der Mitglieder der Projektgruppe wider?

Realisierbarkeit:
Bestehen Bedenken hinsichtlich der Realisierbarkeit einzelner Entscheidungen? Können diese Bedenken durch weitere Entscheidungen ausgeräumt werden oder sollten manche Ziele bescheidener formuliert werden?

Konsistenz:
Sind in den einzelnen Teilkonzepten Ziele, Mittel und Strategien gut aufeinander abgestimmt? Passen die Ziele der einzelnen Teilkonzepte zueinander oder bestehen Spannungen und Widersprüche?

Klarheit:
Sind die Entscheidungen so klar gefasst, dass sie von allen Mitgliedern der Projektgruppe in gleicher Weise verstanden und kommuniziert werden können?

Fortsetzung Beispiel Konfirmandenarbeit

5. Wie gelingt, was wir wollen? Konzepte ausarbeiten.

Konzept entwickeln

1. Wir entwickeln verschiedene konzeptionelle Ideen.

A) 14-tägige Konfirmandenarbeit:

- *Was?* Konfirmandenarbeit nur noch 14-tägig, freitags von 15–18 Uhr.
- *Warum und Wozu?* Besser vereinbar mit der Ganztagsschule. Größere methodische Möglichkeiten.
- *Mit wem/für wen?* Kann der Pfarrer allein machen, aber ggf. auch mit Ehrenamtlichen.
- *Wer arbeitet noch in diesem Feld? Könnte er ein Partner sein?* Ggf. andere Gemeinden in der Kooperationszone.

B) Konfirmandenarbeit in Form von Konfi-Tagen:

- *Was?* Konfirmandenarbeit nur noch 10x pro Jahr, einmal pro Monat am Samstag, 9–16 Uhr, Eltern kochen Mittagessen. Ein Konfi-Tag mit allen Konfirmandinnen und Konfirmanden in regionaler Kooperation, gemeinsam mit Jugendzentrale vorbereitet.
- *Warum und Wozu?* Besser vereinbar mit der Ganztagsschule. Größere methodische Möglichkeiten. Mehr Zeit zur Begegnung der Jugendlichen untereinander, mit dem Pfarrer und den Teamern.
- *Mit wem/für wen?* Kann der Pfarrer kaum noch allein machen, mit 2–3 Ehrenamtlichen. Zumindest gelegentliche Zusammenarbeit mit der Jugendzentrale.
- *Wer arbeitet noch in diesem Feld? Könnte er ein Partner sein?* Zusammenarbeit mit anderen Gemeinden in der Kooperationszone bietet sich an, z. B. Gemeinde X-Hausen, die ca. 12 Konfirmanden pro Jahr hat.

C) Konfirmandenarbeit in Form von Konfi-Tagen und Konfi-Camp:

- *Was?* Konfirmandenarbeit im ersten Jahr einmal pro Monat am Samstag, 9–16 Uhr, Eltern kochen Mittagessen. Ein Konfi-Tag mit allen Konfirmandinnen und Konfirmanden in der regionalen Kooperation, gemeinsam mit Jugendzentrale vorbereitet. Im zweiten Jahr wird die Konfirmandenarbeit zum größten Teil durch ein 10-tägiges Konfi-Camp in den Sommerferien abgedeckt.
- *Warum und Wozu?* Besser vereinbar mit der Ganztagsschule. Größere methodische Möglichkeiten. Mehr Zeit zur Begegnung der Jugendlichen untereinander und mit dem Pfarrer und den Teamern. Die Konfirmandenarbeits-Studie hat gezeigt, dass Konfi-Camps in allen Hinsichten besser abschneiden als andere Formate (z. B. hinsichtlich des Gemeinschaftserlebens, des religiösen Lernens,

der Bedeutsamkeit der Konfirmandenarbeit, der Bereitschaft, sich nach der Konfirmation zu engagieren, der Zufriedenheit der Teamer usw).

- *Mit wem/für wen?* Kann der Pfarrer nicht mehr alleine machen. Team aus mehreren Haupt- und Ehrenamtlichen ist nötig, ggf. in Zusammenarbeit mit der Jugendzentrale.
- *Wer arbeitet noch in diesem Feld? Könnte er ein Partner sein?* Zusammenarbeit mit anderen Gemeinden in der Kooperationszone ist nötig.

2. Wir wählen ein Konzept aus.

Die Modelle B und C eröffnen größere methodische und pastorale Möglichkeiten als Modell A. Bei kürzeren Konfi-Formaten ist nachgewiesen, dass sie zur persönlichen Begegnung weniger Zeit lassen und häufiger auf gymnasiale Lehrmethoden wie auch auf Auswendiglernen zurückgreifen.

Die Konzepte B und C bieten größere Möglichkeiten für erlebnispädagogische Elemente und persönlichkeitsentwickelnde Methoden. Diese sind für die Nicht-Gymnasiasten methodisch die bessere Wahl. Das Gemeinschaftserleben ist hier höher. Die nicht-gymnasialen Methoden werden einer größeren Zahl von Jugendlichen gerecht.

Laut Konfirmandenarbeits-Studie sagen Konfirmanden, die an Konfi-Camps (Modell C) teilgenommen haben, signifikant häufiger, sie hätten etwas über den christlichen Glauben gelernt und von ihm erfahren.

Die Modelle B und C geben mehr Raum für die Themen der Jugendlichen und ihre methodische Aufarbeitung. Sie bieten außerdem bessere Möglichkeiten, konfirmierte Jugendliche als Teamer mit einzubeziehen.

Aus diesen Gründen entscheiden wir uns für das Konzept C.

3. Wir gestalten die ausgewählte Konzeptidee aus.

Konfi-Tage und Konfi-Camp sollen hohen Erlebniswert haben und den Jugendlichen Spaß machen und ihre persönliche Entwicklung fördern.

Sie sollen in intensiver Weise die Themen der Jugendlichen aufgreifen und in der Perspektive des christlichen Glaubens reflektieren (Theologisieren mit Jugendlichen). Dabei sollen die Jugendlichen zentrale biblische Geschichten und Glaubensinhalte kennenlernen.

Methodisch sollte die Konfirmandenarbeit so gestaltet sein, dass sich die Jugendlichen möglichst stark selbst einbringen können, nicht nur in Wortbeiträgen, sondern auch durch Methoden, die spielerisch, kreativ und gestalterisch sind. Sie sollen gute Erlebnisse in Gemeinschaft und persönlichkeitsstärkende Erfahrungen ermöglichen.

Bei den Konfi-Tagen werden bewusst lokale und regionale Bezüge mit eingebunden, z. B. Besuch der Werkstätten für Menschen mit Behinderung in einer Einheit zum Thema Diakonie.

Nicht Lernen wie in der Schule, sondern den Lebensfragen der Jugendlichen Raum geben.

Generell soll die Konfirmandenzeit so interessant sein, dass man daran teilnimmt und ggf. auch anderes zurückstellt.

4. Wir formulieren das Gesamtziel des neuen Konzepts.

Nach den Sommerferien 2018 beginnt der erste Konfirmanden-Kurs nach dem neuen Konzept, das im ersten Jahr Konfi-Tage an Samstagen und im zweiten Jahr ein Konfi-Camp und mehrere Samstage vorsieht. Die Pfarrerinnen der Gemeinden x, y und z, arbeiten teilweise zusammen mit der Jugendzentrale das neue KA-Konzept aus und treffen die organisatorischen Vorbereitungen. Von 2018 bis zur Konfirmation 2020 führen sie das neue Konzept erstmals durch. Nach der Konfirmation 2020 wird das neue Konzept evaluiert und mit den Presbyterien der teilnehmenden Gemeinden besprochen.

Konzept formulieren

Welche Ziele verfolgen wir mit unserer Konfirmandenarbeit?
Hier übernehmen Sie die im vorigen Schritt entwickelten Ziele und die ausgestalteten Leitvorstellungen.

Welche Ressourcen/Mittel brauchen wir dazu?
Personal:
Pfarrer x hat eine erlebnispädagogische Fortbildung gemacht und ist in diesen Methoden versiert. Pfarrerin Y wird im Frühjahr 2018 eine Fortbildung zum Theologisieren mit Jugendlichen absolvieren. Pfarrer Z wird in wenigen Jahren in den Ruhestand eintreten und am Konfi-Camp nicht teilnehmen. An den Konfi-Tagen wird er nur teilweise dabei sein.
Ein Mitarbeiter der Jugendzentrale wird bei der Organisation und Konzeption des Konfi-Camps mitwirken. Er wird auch die ehrenamtlichen Konfirmandenarbeits-Teamer im Rahmen einer Jugendleiter-Fortbildung 2017/2018 schulen.
Gebäude/Räume:
Die Konfi-Tage werden zentral im Gemeindezentrum der Gemeinde A durchgeführt, weil dort ein großer Saal und mehrere Nebenräume sowie eine große Küche zur Verfügung stehen.
Die Kosten für die Raumnutzung werden geteilt.
Pfarrer X aus der Gemeinde A wird die notwendigen Raumreservierungen vornehmen,
Finanzen:
Bei den Konfi-Tagen entstehen Kosten für den Raum, das Mittagessen und Materialien. Die Kosten für den Raum werden von den beteiligten Gemeinden anteilig finanziert. Die Kosten für das Mittagessen werden durch eine kleine Umlage (z. B. 2,-€) und ggf. einen Zuschuss der beteiligten Gemeinden finanziert. Die Kosten für Materialien werden von den Gemeinden anteilig pro Konfirmand übernommen.
Beim Konfi-Camp fallen Kosten für die 60 Konfirmandinnen und Konfirmanden der Region in Höhe von ca. 18.000 € an.

Die Kosten werden auf 250,-€ pro Person beschränkt. Die übrigen Kosten werden von den Gemeinden übernommen. Familien, für die diese Kosten zu hoch sind, erhalten Zuschüsse aus dem Sozialfonds.

Ab Beginn der Konfirmanden-Zeit wird für das Konfi-Camp monatlich ein Betrag von 10 € angespart.

Öffentlichkeitsarbeit: (vgl. dazu auch Kap. 7)

Konfirmandenarbeit soll zukünftig als Bildung in der Zivilgesellschaft kommuniziert werden. Unsere Konfirmandenarbeit soll den Ruf haben, Spaß zu machen und persönlich gewinnbringend zu sein. Die beteiligten Gemeinden zeigen sich innovativ und geben zu erkennen, dass sie die Zeichen der Zeit erkannt haben und zu konzeptioneller Weiterentwicklung fähig sind. Deutlich soll werden, dass sich Kirche auf die Lebenswelt der Menschen einstellt und für sie da ist.

Wir haben einen Beauftragten für Öffentlichkeitsarbeit, der bei einer regionalen Zeitung arbeitet.

Wir berichten über die Neukonzeption ab Beginn der Planungen des ersten Durchgangs kontinuierlich

- in den Gemeindebriefen der beteiligten Gemeinden
- auf den Homepages der Gemeinden (und des Dekanats)
- in der lokalen Presse
- durch Anschreiben der Jugendlichen, die 2018 mit der Konfirmandenarbeit beginnen werden.

Konzept prüfen

Wesentlichkeit: Alle wesentlichen Konzeptpunkte sind u. E. beschrieben

Gültigkeit: Die Planung gilt zunächst für zwei Jahre.

Vollständigkeit: Die zentralen Punkte sind berücksichtigt. Operative Lenkung findet im Vollzug statt.

Wahrheit: Eine ausreichende Diskussion der verschiedenen Alternativen und die gemeinsame Abwägung und Entscheidung lassen die Annahme zu, dass wir an einem Strang ziehen.

Realisierbarkeit: Wir sind uns einig, dass das Projekt Konfirmandenarbeit als Modellprojekt gut gemeinsam realisiert werden kann.

Konsistenz: Wir sind uns einig, so zu verfahren.

Klarheit: Wir haben das Konzept gemeinsam entwickelt und intensiv beraten. Jeder Beteiligte hat das Konzept in schriftlicher Form vorliegen. Insofern sollte Klarheit bestehen.

6. Was macht wer wann? Veränderungen schrittweise gestalten

Bringen Sie Ihr Konzept zum Laufen: Planen Sie die konkreten Maßnahmen. Klären Sie gemeinsam und halten Sie fest, wo die Verantwortlichkeiten und Zuständigkeiten liegen. Unser Raster hilft Ihnen dabei. Und dann gutes Gelingen und viel Erfolg.

Ihre Planung sollte schriftlich erfolgen und festlegen, wer wofür bis wann und für was verantwortlich ist. Für die Umsetzung von Konzepten hat sich die Beachtung folgender Punkte als hilfreich herausgestellt:

- Die Umsetzung des Konzepts hat einen zeitlich festgelegten Rahmen (Start und Ende).
- Alle zuständigen Gremien und Verantwortlichen sind informiert und unterstützen das Projekt.
- Alle Mitarbeitenden haben eine gemeinsame Informationsbasis, was Transparenz und Verbindlichkeiten schafft und motiviert.
- Die klar formulierte Zielsetzung und das gesamte Konzept ist allen bekannt.
- Die detaillierte Planung für Aufwand, Zeitrahmen usw. ist kommuniziert.
- Die Überwachung und Steuerung der einzelnen Schritte ist gewährleistet.
- Rollen und Aufgaben, z. B. von Leitung, Schriftführung, Öffentlichkeitsarbeit sind geklärt.
- Unbeschadet kontinuierlichen Controllings (vgl. letztes Kapitel) findet am Ende der Umsetzungsphase eine gemeinsame Evaluation statt, die in eine Weiterentwicklung des Konzepts münden kann.

Projektplan

Wir empfehlen Ihnen die Erstellung eines vereinfachten Projektplans.

Was?	Wie?	Wer?	Mit wem?	Bis wann?
Hier listen Sie alle Aufgaben auf:	Hier stehen alle damit verbundenen Teilschritte:	Hier tragen Sie die verantwortliche Person ein:	Hier tragen Sie ein, wer noch mitarbeitet:	Hier eintragen, bis wann die Aufgabe zu erledigen ist:

 Das Arbeitsblatt 6 zur digitalen Bearbeitung und zum Ausdrucken finden Sie auf http://blog.kohlhammer.de/theologie/gemeinde-geht-weiter/

Im Projektplan werden in der ersten Spalte die geplanten Aufgaben Schritt für Schritt aufgelistet und in der zweiten Spalte die damit verbundenen Teilaspekte vermerkt. In die dritte Spalte tragen Sie die verantwortliche Person ein und in der nächsten Spalte, falls erforderlich, wer noch mitarbeitet. In der fünften Spalte schließlich wird die Terminierung der Aufgabe vermerkt. Gerne können Sie noch eine sechste Spalte hinzufügen, in die Sie einen Haken setzen, wenn die Aufgabe erledigt ist.

Fortsetzung Beispiel Konfirmandenarbeit

6. Was macht wer wann? Konzepte umsetzen.

Was?	Wie?	Wer?	Mit wem?	Bis wann erledigt?
Hier listen Sie alle Aufgaben auf:	*Hier werden alle damit verbunde-nen Teilschritte eingetragen:*	*Hier tragen Sie die verantwort-liche Person ein:*	*Mit wem soll ver-antwortliche Person zusammenarbei-ten?*	
Konzept kom-munizieren	Übersichtliches Faltblatt machen	Pfarrer X		30.7.
Finanzierung sichern	Geld in HH-Pläne einstellen	Alle Pfarrer/in-nen	Presbyter/innen	15.7.
Finanzierung sichern	Sozialfonds ein-richten	Pfarrerin Y	Mit Regionalteam beraten	15.8.
Personal ge-winnen und qualifizieren	Kontakte zum Ju-gendreferenten	Pfarrerin Y		30.6.
Personal ge-winnen und qualifizieren	Planungstreffen Team	Pfarrer X	Pfarrer X Pfarrerin Y Jugendreferent	30.7.
Räume buchen	Nutzung klären Termine festlegen	Pfarrer X	Küster	31.5.
Öffentlichkeits-arbeit organi-sieren	Planungsbericht Tagespresse	Herr M	Pfarrer X	15.8.
Öffentlichkeits-arbeit organi-sieren	Bericht für Ge-meindebrief	Herr M	Frau J	30.8.
Konzept kom-munizieren	Thema im Presby-terium	Alle Pfarrer/in-nen		30.9.

Das Regionalteam trifft sich wieder am 30.10.20XX. U.a. Tagesordnungspunkt: Konfirmandenarbeit-Konzept.

Anschließend wird ein neuer Plan für die weiteren Schritte erstellt.

7. Wie erfahren es alle? Öffentlich machen

Kommunizieren Sie mit allen Mitteln: Es lohnt sich. Mit unseren Hinweisen und Tipps zur Öffentlichkeitsarbeit helfen wir Ihnen, Ihr Konzept publik zu machen. So erhalten Sie Zuspruch und Unterstützung, finden neue Mitmacher und neue Ideen.

Profil schärfen

Wenn Sie Leitbild und Ziele formuliert, Konzepte entwickelt, Abläufe und Zuständigkeiten geklärt haben, dann arbeiten Sie anhand des Rasters heraus, was Sie unverwechselbar macht und wie Sie sich in der Öffentlichkeit präsentieren wollen.

Wenn Sie eine klare Position erarbeitet haben, kommt Ihr Anliegen verständlich zum Ausdruck. Für diesen Schritt sollten Sie sich genügend Zeit nehmen.

Unser Projekt	Wir wollen …
Unsere Kompetenzen	z. B. Wir haben seit vielen Jahren Erfahrung in … Unsere Mitarbeitenden sind fit in … Aus den Erfahrungen des letzten Jahres haben wir gelernt … Das können wir …
Das macht uns unverwechselbar	z. B. wir sind einladend, offen, verlässlich, professionell … sozial engagiert, gemeinschaftsfördernd
Das haben die Menschen davon	z. B. fachliche Kompetenz, persönlicher Nutzen
Unsere Darstellung nach außen	z. B. unverwechselbar durch eigenes Logo

 Das Arbeitsblatt 7 zur digitalen Bearbeitung und zum Ausdrucken finden Sie auf http://blog.kohlhammer.de/theologie/gemeinde-geht-weiter/

Interne und externe Kommunikationswege kennen

Jede Form von Öffentlichkeitsarbeit hat bestimmte Bezugsgruppen. Nicht alles ist für alle bestimmt. Überlegen Sie genau, wem sie was mitteilen wollen.

Hier haben Sie einen Überblick darüber, welche verschiedenen Zielgruppen für Ihre Arbeit von Bedeutung sein können und welche möglichen Ziele sich damit verbinden lassen.

Zielgruppen der *internen* Öffentlichkeitsarbeit

*   sind beispielsweise Kirchenvorstände/Presbyterien, Ehrenamtliche oder kirchenpolitische Gremien.
    Ziele: über Entscheidungen informieren, Motivation und Verständnis bei Mitarbeitenden wecken, für gutes Klima durch interne Kommunikation sorgen, Identifikation mit dem Projekt steigern.

Zielgruppen der *externen* Öffentlichkeit

*   sind unmittelbar anzusprechende Menschen als Teilnehmende oder neue Ehrenamtliche.
    Ziele: Chancen und Profil der Teilnahme und Mitarbeit hervorheben, Besonderheiten herausstellen, Profil zeigen.
*   Medien als Multiplikatoren, wie lokales Radio und Fernsehen, Tageszeitung, Gemeinde-/Anzeigenblätter, Stadtteil-/Kulturzeitungen.
    Ziele: Beziehungspflege, Image verbessern, öffentlich über das Projekt informieren, zur Teilnahme und Mitarbeit werben.
*   Meinungsbildner/innen wie Bürgermeister, Politiker, bestimmte Interessengruppen, Vereine, Dekan/in usw.
    Ziele: Werbung um Vertrauen und Unterstützung, Kompetenz vermitteln, Finanzen absichern.
*   Auch Geldgeber wie Stiftungen, politische Gremien und Verwaltungen wollen informiert sein.
    Ziele: fachliches Profil darstellen, gesellschaftliche Bedeutung der Arbeit dokumentieren, materielle und ideelle Unterstützung sichern, potente Kooperationspartner finden.

Öffentlich auftreten

Dazu gehören:

*   Ein ansprechender Internet-Auftritt, ggf. Teilnahme in sozialen Netzwerken.
*   Kontakte zu lokalen Rundfunksendern.
*   Präsenz in den Print-Medien: Tagespresse, Wochenblätter, Stadtteil-Magazine, kommunale Gemeindeblätter und natürlich den eigenen Gemeindebrief.
*   Gut gestaltete Plakate, Flyer und sonstige Einladungen.

Journalistische Formate unterscheiden

Gängig ist die Unterscheidung von Pressemeldung und Pressebericht:

Pressemeldung
Sie eignet sich als Ankündigung von Veranstaltungen, Anmeldetermine oder bei Erscheinen von Programmen. Hier geht es darum, kurz und knapp zu informieren. Wichtig sind Aktualität, öffentliche Bedeutung, Identifikation für Leser, Glaubwürdigkeit bzw. Bekanntheitsgrad der Institution.

Pressebericht
Er eignet sich für eine breitere Darstellung eines Projekts oder eine umfangreiche Berichterstattung. Hier sind Texte etwas länger ausformuliert, die nach Absprache mit der Redaktion übernommen oder von ihr umgeschrieben werden können. Fotos gehören unbedingt dazu.

Wichtig ist eine vorherige Absprache mit der Redaktion, wer berichtet, welche Informationen zusammengestellt werden sollen und welche Bedeutung der Pressebericht für die Öffentlichkeit hat.

Presse-Informationen professionell erstellen

Jeder journalistische Text muss Antwort auf alle »W-Fragen« geben können. Sie sind für die Presse zentral:
Wer ist der Veranstalter?
Was ist Ihr Vorhaben, das Projekt?
Wann bezieht sich auf den Termin mit Datum und Uhrzeit.
Wo weist auf den Ort und die Räume hin.
Mit wem/für wen nennt die Beteiligten und Zielgruppen.
Wie bezieht sich auf die Veranstaltungsform (Workshop, Podium, Gottesdienst),
Warum drückt die Absicht aus (z. B. Freiwillige für das Projekt zu gewinnen).
Beachten Sie unbedingt diese Grundregel. Die Reihenfolge der W-Fragen spielt dabei keine Rolle. Es darf aber kein Text entstehen, der nur aus der Beantwortung der »W-Fragen« besteht. Ein aktueller Anlass, den Sie aufgreifen können, ein emotionaler Bezug, ein prominenter Besuch, eine Kuriosität etc. erhöhen auf jeden Fall die Lesequalität.

Außerdem zu beachten:

• Schreiben Sie stets so, dass der Text von hinten nach vorn gekürzt werden kann. Die Hauptinformation steht am Anfang und bleibt auch bei Kürzungen erhalten.
• Fassen Sie Einzelinformationen zusammen und geben Sie einen Überblick. Vermeiden Sie zu viele Informationen.

- Wiederholen Sie Überschriften im Text, gelegentlich auch mit leichten Abwandlungen. Das führt zu einem Wiedererkennungseffekt beim Leser und erhöht die Motivation zum Weiterlesen.
- Nennen Sie Namen und benutzen Sie Zitate. Namen sind oftmals wichtiger als Sachverhalte. Personen im Text haben Vor- und Nachnamen, aber keinen Titel. »Frau« und »Herr« gibt es in Pressetexten nicht.
- Finden Sie für Ihr Thema aktuelle Aufhänger. Das erhöht auf jeden Fall die Aufmerksamkeit beim Leser.

Tipps für den Umgang mit Medien/Presse

Beachten Sie die wichtigsten Tipps:

- Öffentlichkeitsarbeit ist eine Leitungsaufgabe; d. h. eine Person muss dafür zuständig sein. Suchen Sie eine Person, die für den Aufbau und die Wahrnehmung von Medienkontakten verantwortlich ist.
- Sorgen Sie für ein vertrauensvolles Klima der Zusammenarbeit. Für Journalisten sollte die zuständige Person immer ansprechbar sein. Besuche der Redaktionen und Gespräche mit den Redakteuren/innen sind ganz wesentlich. Pflegen Sie regelmäßige Kontakte.
- Empfehlen Sie sich den Medien als Quelle für solide und nachprüfbare Informationen. Profilieren Sie sich als Fachexpertin. Für Journalisten wird Ihre Institution interessanter, wenn es für verschiedene Themen Fachleute gibt. Sie werden dann auch zu anderen Fragen angesprochen.
- Geben Sie regelmäßig Informationen an die Presse weiter. Notieren Sie bei der Jahresplanung, zu welchen Anlässen Sie die Presse einladen wollen. Benutzen Sie eine besondere Farbe für alle Termine.
- Gehen Sie aufmerksam und kultiviert mit der Zeit von Journalisten um. Zeit ist knapp. Bieten Sie vorbereitetes Material an (Pressemappe).
- Nicht alles, was Sie aufregend finden, ist für andere ebenso interessant. Umgekehrt ist manchmal etwas, was für Sie selbstverständlich ist, für andere eine »kleine Sensation«. Lernen Sie adressatenbezogen zu denken.
- Da Institutionen in der Regel Zuschüsse aus öffentlichen Kassen erhalten, denken Sie daran, dass es Steuergelder sind, die Sie ausgeben. Sie haben also nicht nur das Recht, sondern auch die Pflicht zur Information der Öffentlichkeit.
- Ermöglichen Sie die Teilnahme an einer qualifizierten Fortbildung. Dieses Kapitel kann nur einen ersten Überblick über die verschiedenen Facetten der Öffentlichkeitsarbeit geben.

Und wenn es auch in der Realität manchmal anders zu sein scheint: »Nehmen Sie das gesellschaftliche Grundrecht auf Presse- und Meinungsfreiheit ernst. Respektieren und fördern Sie die Aufgabe der Medien, Informationen auszuwählen und zu interpretieren, Entscheidungen zu kritisieren und öffentliche Veranstaltungen, Auftritte, Aktivitäten usw. zu bewerten.«[1]

Fortsetzung Beispiel Konfirmandenarbeit

7. Wie erfahren es alle? Öffentlich machen.

Unser Konfirmandenarbeitskonzept	
Unsere Kompetenzen	Wir gehen auf Jugendliche zu und gestalten eine auf ihre Lebenssituation zugeschnittene Konfirmandenzeit, mit Konfi-Tagen und einem Konfi-Camp.
Das macht uns unverwechselbar	Die Gemeinde ist an jungen Menschen interessiert. Themen der Konfis werden in der Perspektive christlichen Glaubens reflektiert.
Das haben Konfirmanden davon	Die Konfirmanden entdecken Gemeinschaftssinn und erfahren, was Kirche ausmacht.
Unsere Darstellung nach außen	Wir treten in der Konfirmandenarbeit als Region auf und entwickeln dafür als Identität ein spezielles Logo.

1. Interne und externe Kommunikationswege

Intern:

Presbyterien der beteiligten Gemeinden

Jugendzentrale und deren Ehrenamtliche

Pfarrkonvent/Dekanin

Diakonisches Werk (Sozialfonds)

Extern:

Konfirmanden und deren Eltern

Tageszeitung

Ortsgemeindeblätter

Gemeindebriefe

Bürgermeister u. a. (Sozialfonds)

2. Öffentlich auftreten

Zuständig ist Herr M, der regelmäßig für die Tageszeitung nebenberuflich arbeitet. Zum öffentlichen, unverwechselbaren Auftritt gibt es demnächst ein spezielles Konfi-Logo.

Das Konzept-Faltblatt liegt öffentlich aus.

Eine gemeinsame Homepage der Regional-Gemeinden entsteht gerade.

---

1 Bundesvereinigung kulturelle Kinder- und Jugendbildung e.V., Arbeitshilfe Öffentlichkeitsarbeit, Remscheid 1995.

3. Journalistische Formate unterscheiden

Pressebericht:

Das Konzept wird in einem Zeitungsbericht und ausführlich im Gemeindebrief vorgestellt.

Von Zeit zu Zeit weitere Berichte, vor allem über Konfi-Projekte wie eigener Gottesdienst u. a. m.

Presseinformation:

Erscheinen regelmäßig zu Beginn der Anmeldung zur Konfirmation und fortlaufend.

Halten Sie Kurs: Kirchen-Controlling

Wenn Sie den bisherigen Schritten gefolgt sind, dann haben Sie ernst damit gemacht, dass die Kirche die Bestimmung hat, Zeichen des Reiches Gottes zu sein, dass ihre Sozialformen variabel sind und dass sie als Glaubensgemeinschaft auf dem Weg von Gottes Geist geleitet wird.

Um dem Geist auf die Spur zu kommen, haben Sie biblische Texte meditiert, die von der Gemeinschaft der Glaubenden sprechen, und sich ihre eigenen Sinn- und Wertvorstellungen bewusst gemacht. Im weiteren Verlauf des Prozesses, bei der Auswahl unter verschiedenen Handlungsoptionen und bei der Ausgestaltung der gewählten Option, fand ein weiterer Rekurs auf die Geschichten der Bibel statt – eben weil die Aufgabe auch so beschrieben werden kann, dass die Glaubensgeschichten der Bibel im Leben der Gemeinde weitergeschrieben werden sollen. Es ging darum, die Option auszuwählen und die ausgewählte Option so auszugestalten, dass sie hinweist auf das, was Gott getan und zu tun versprochen hat.

Jede Gemeinde, die das versucht, wird allerdings sehr schnell merken, dass nicht jeder Schritt in Richtung zeugnisstarkes Handeln führt und dass ihr Handeln nicht nur erwünschte, sondern auch unerwünschte Folgen hat.

Das lässt sich nun leider nicht vermeiden. Denn die Folgen des eigenen Tuns müssen zwar kalkuliert und abgeschätzt werden, sie sind aber nicht vorherbestimmbar und auch nicht vorhersehbar. Und zwar deshalb nicht, weil jede kirchliche Gemeinde und auch jedes Umfeld, in dem sie lebt und handelt, kein einfaches, sondern ein komplexes System darstellt.

Komplexität

Komplexität ist die Fähigkeit eines Systems, im Zeitlauf unterschiedliche Zustände annehmen zu können. Komplex ist ein System, wenn die Beziehungen und Wechselwirkungen zwischen seinen Elementen vielfältig, nicht ohne weiteres überschaubar und veränderlich sind. Je mehr unterschiedliche Zustände ein System annehmen kann, desto komplexer ist es.

Maschinen sind *triviale, nicht-komplexe Systeme*, deren Verhalten determiniert ist. Ein Input A wird immer in einen Output B transformiert. Wer den Thermostat an der Heizung nach oben dreht, bewirkt damit eine höhere Heizleistung.

Bei komplexen, nicht-trivialen Systemen ist dies anders. Sie stellen eine Blackbox dar, bei der man nicht weiß, welcher Output erzeugt wird, wenn ein bestimmter Input eingegeben wird. Komplexe Systeme stellen selbst eine Vielheit von Elementen dar, die auf vielfältige und variable Weise untereinander verbunden sind und nach nicht unmittelbar einsehbaren Regeln interagieren. Sie haben ein Eigenleben, eine Eigendynamik, die darauf beruht, dass sich die Interaktionen zwischen den Elementen des Systems verändern können. Es gibt eine Vielfalt von Verhaltensmöglichkeiten der einzelnen Elemente zueinander und auch die Wirkungsverläufe zwischen den Elementen sind im Zeitlauf veränderlich.

Deshalb reagieren komplexe Systeme auf den gleichen Input zu verschiedenen Zeiten unterschiedlich. Und der Output ist nicht nur abhängig vom jeweiligen Input, sondern auch vom früheren Systemzustand. Weil Parochien unterschiedliche Geschichten haben und unterschiedliche »Kulturen« ausbilden, reagiert Parochie A auf den Input X anders als Parochie B.

Wer mit einem komplexen System, etwa einem Menschen, zu tun hat, weiß nicht, was dabei herauskommt. Eine Bemerkung, die gestern zum Lachen geführt hat, kann heute in einem Konflikt enden. Wieviel komplexer sind Gruppen von Menschen, Nachbarschaften, Kommunen, Kirchenkreise?

Hohe Eigenkomplexität hat zur Folge, dass das Verhalten von Systemen nur schwer vorhersehbar ist – ein gravierendes Faktum, wenn ein System in eine bestimmte Richtung entwickelt werden soll.

Die Idee kausal-linearen Denkens, man erhalte aufgrund einer bestimmten Maßnahme ein bestimmtes, vorher berechenbares Ergebnis, ist bei komplexen Systemen nicht realitätsgerecht. Leitung geht deshalb besser von der Idee zirkulären Denkens aus, indem sie die Folgen ihres Handelns wahrnimmt und dann korrigierend nachsteuert. Weil sich dies nicht einmal, sondern im Zeitlauf immer wieder abspielt, ist die Vorstellung einer Schleife hilfreich. Leitung ist ein evolutionärer Prozess.

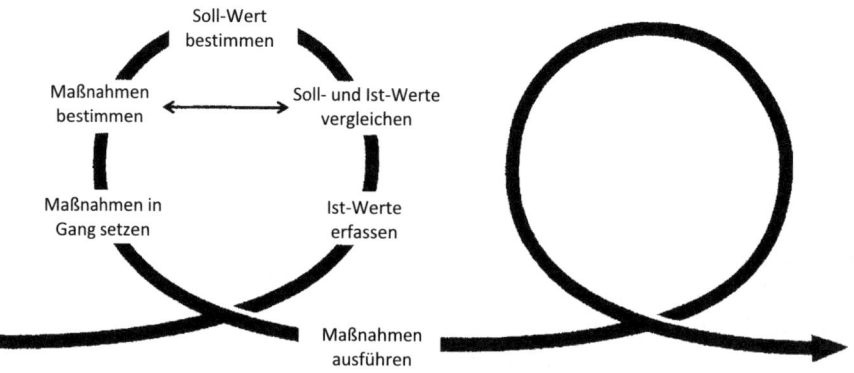

Abb. 13: Systemische »Leitungsschleife«

Controlling

Controlling kann verstanden werden als Versuch, mit nicht vorhersehbaren Ereignissen und den nicht erwünschten Folgen des eigenen Tuns konstruktiv umzugehen.

Das Wort klingt für deutsche Ohren nach Kontrolle. Das englische to control bedeutet aber »steuern, lenken«, und zwar durch Information. Controlling hat wenig mit Kontrolle, aber viel mit Aufgaben- und Zielorientierung zu tun. Die Aufgabe von Controlling ist es zu fragen: sind wir auf dem richtigen Weg? Erreichen wir, was wir erreichen wollen?

Ist dies der Fall, ist alles gut. Ist dies nicht der Fall, muss nachgesteuert werden. Im Hintergrund steht die Frage: was müssen wir tun, damit unsere Aufgabe und unser Ziel im Mittelpunkt unseres Handelns bleiben und wir dort ankommen wo wir hinwollen? Ziel von Controlling ist letztlich, ein System lebens- und steuerungsfähig zu halten.

Auf den Begriff kommt es dabei nicht an. Wichtig ist, Leitung als reflexive Gestaltungspraxis zu verstehen, die zu sich selbst auf Distanz geht, die Folgen des eigenen Tuns wahrnimmt, sie reflektiert und das eigene Handeln vor-denkend weiterentwickelt.

Kirchen-Controlling

Entsprechend dieser Überlegungen kann Kirchen-Controlling verstanden werden als der Versuch, mit nicht vorhersehbaren Ereignissen und nicht erwünschten Folgen des eigenen Tuns umzugehen. Positiv formuliert: Kirchen-Controlling dient dazu, Kurs zu halten und sich dauerhaft an dem zu orientieren, »worauf es ankommt« (Phil 1,9f).

Die Schlüsselfrage lautet: Haben wir uns mit unserem Kirchenbezirk, unserer regionalen Kooperationszone, unserer Gemeinde, unserer Landeskirche dem Leitbild in Teilen und im Ganzen genähert, sind wir stehen geblieben oder sind wir gar deutlich hinter die eigenen Ziele zurückgefallen?

Dabei gilt: je langfristiger die kirchenpolitischen Entscheide angelegt sind, desto weniger genügt eine Überprüfung im Nachhinein. Geht es um langfristige Ziele und Entwicklungen, kommt sie zu spät. Konzentriert sie sich lediglich auf einen Soll-Ist-Abgleich, droht sie zu übersehen, dass sich wesentliche Umweltfaktoren zwischenzeitlich geändert haben können. Controlling ist deshalb dadurch gekennzeichnet, dass es sich kontinuierlich im Prozess der Entwicklung einer Kirchenpolitik und ihrer Umsetzung vollzieht.

Jede Organisation muss sich ihr eigenes Controlling-Konzept erarbeiten. In großen Einrichtungen und Unternehmen gibt es Stellen und ganze Abteilungen für Controlling, in kleineren wird es in der Regel von Leitungsstellen oder Gremien verantwortet, zum Beispiel indem Mitglieder der zentralen Steuergruppe einer Region oder einzelne Mitglieder des Bezirkskirchenrats/Kreissynodalvorstandes für einzelne Konzepte die Controllingfunktion wahrnehmen.

Controlling-Konzept

Im Controlling-Konzept werden folgende Fragen beantwortet:

- Wie sorgen wir auf der Basis der Konzepte für ein regelmäßiges Controlling des Ganzen/der Teilkonzepte und der haupt- und ehrenamtlich mitarbeitenden Personen?
- Wie werden die Informationen erhoben? Wer erhebt sie?
- Wie werden die Informationen gebündelt? Wer bündelt sie?
- Wie überprüfen wir, ob unser Leitbild mit seinen Teilkonzepten erreicht, was wir wollen?

Diejenigen, die für das Controlling verantwortlich sind, können operatives, strategisches und normatives Controlling unterscheiden.

Operatives und strategisches Controlling

Operatives Controlling überwacht die Durchführung und bezieht sich auf kurz- und mittelfristige Lenkung innerhalb des festgelegten Ziel- und Verfahrensrahmens. Für die hier vorgeschlagene Vorgehensweise bedeutet dies: Überprüfung der Umsetzung einzelner Maßnahmen und ihrer Wirkung und wenn nötig der Einleitung entsprechender Korrekturen. Für einen solchen Soll-Ist-Abgleich kann der in Teil II, Kapitel 6 (S. 130) vorgeschlagene vereinfachte Projektplan verwendet werden. Die Fragen lauten:

- Sind die geplanten Teilziele erfolgreich umgesetzt?
- Haben die Mitarbeitenden ihre Aufgaben erledigt?
- Haben sich neue Einsichten oder Ziele ergeben, die zu diskutieren sind?
- Sind Korrekturen erforderlich?

Strategisches Controlling hat die Aufgabe, kirchenpolitische Strategien und Konzepte auf ihre Tragfähigkeit hin zu überprüfen und sie gegebenenfalls weiter zu entwickeln. Es hält die Prämissen der Strategien und Konzepte im Blick, es überprüft die gewählten Ziele und die ihnen zugrundeliegenden Handlungstheorien. Strategisches Controlling beobachtet das Umfeld, nimmt Veränderungen wahr und legt der Leitung eine Reaktion nahe.

Weil jede Strategie und jedes Konzept eine Auswahl aus verschiedenen Handlungsoptionen darstellen, darf Controlling nicht selektiv angelegt werden, sondern braucht eine gewisse Breite. Von entscheidender Bedeutung ist dabei die Aufmerksamkeit für schwache Signale. Kirchliche Leitung erfüllt damit eine Radar- und Frühwarnfunktion. Für diese Aufgabe stellt ein Umweltmodell (vgl. Abb. 10, S. 94) eine Wahrnehmungshilfe dar. Strategisches Controlling beinhaltet insofern die kontinuierliche Weiterbeobachtung des Umfeldes wie in Teil II, Schritt 2 (S. 99) angeregt.

Normatives Controlling

Über das operative und strategische Controlling hinaus ist im Sinne des dreifachen Kirchenbegriffs eine weitere Ebene einzuziehen, indem die Ergebnisse kirchenpolitischen Handelns wiederum auf Grund, Gestalt und Bestimmung der Kirche rückbezogen werden.

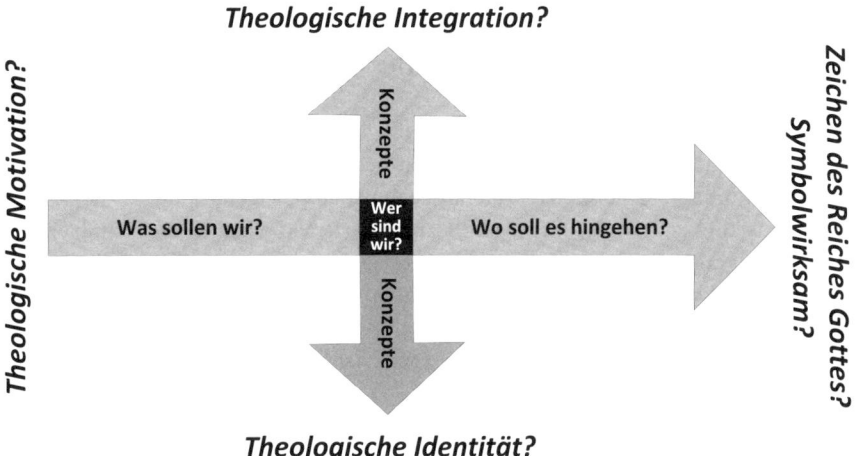

Abb. 14: Normatives Controlling

Entsprechen die Ergebnisse unseres Handelns unserer Motivation und unserem Grund Jesus Christus? Entsprechen die Wirkungen unseres Handelns unserer Bestimmung, Zeichen des Reiches Gottes zu sein? Sind sie symbolwirksam? Wirken sie theologisch konzentrierend nach Innen? Machen sie uns nach Innen und Außen als Kirche identifizierbar?

Was als Aufgabe kirchlicher Leitung sichtbar wurde (vgl. Abb. 2 und 7), wird nun zur steuernden Frage normativen Kirchen-Controllings, wie Abbildung 14 zeigt.

Normatives Controlling ist für eine (Netzwerk-)Gemeinde auf dem Weg wie das Ausschauhalten nach Gottes vorgängiger Leitung, nach der Wolke bei Tag und der Feuersäule bei Nacht (Ex 13, 17-22), damit sie auf gutem Weg bleibt, indem sie prüft, was Gottes Wille ist.

Leitung als geistliche und theologische Aufgabe

Damit sind wir wieder bei Schritt 1: Was sollen wir?

Vergisst eine Kirche diese theologische Frage, lässt sie sich nicht ein auf ihren Grund Jesus Christus, setzt sie sich nicht auseinander mit ihrer Gestalt als Leib Christi (also als Gemeinschaft versöhnter Verschiedener, als der einen, heiligen, katholischen, apostolischen Kirche), orientiert sie sich nicht an ihrer Bestimmung, vorläufige Darstellung des Reiches Gottes zu sein, dann wird sie orientierungslos – und früher oder später auch motivationslos. Was theologisch gelten soll, liegt aber nicht wie ein Keks in der Schublade, sondern will je neu entdeckt und erarbeitet werden. Das ist die Aufgabe der Leitenden, an welcher Stelle im System Kirche sie sich auch befinden.

Die Frage, was wir sollen und wohin es gehen soll, stellt sich überall und ist nicht hintergehbar – oder Kirche wird tote, erstarrte Kirche, die nur das Bestehende erhalten und verteidigen will, sich aber nicht mehr fragt: was ist jetzt, in dieser – womöglich veränderten – Situation von uns verlangt?

Wenn sie sich einlässt auf ihre jeweilige Umwelt und Situation und die genannten Fragen stellt, dann tritt sie ein in den Fragenzirkel zur Leitbild- und Konzeptentwicklung, den dieses Buch beschreibt.

Dabei zeigt sich: neue Konzepte sind wichtig. Wichtiger ist die Fähigkeit, Konzepte zu entwickeln. Dieses Können zusammen mit der Bereitschaft, bestehende Konzepte zu variieren oder falls nötig neue zu erarbeiten, ist entscheidend – um als Organisation lebensfähig und als Glaubens- und Handlungsgemeinschaft lebendig zu bleiben, also symbolkräftig Zeichen des Reiches Gottes zu sein.

Indem am Ende dieses Buches wie an seinem Anfang (vgl. S. 18) die Bestimmung der Kirche als Thema und Frage erscheint, schließt sich der Kreis der Überlegungen und Schritte. Die »Leitungsschleife« tritt in die nächste Runde ein. Kirche entwickelt sich. Gemeinde geht weiter.

Anhang

Abbildungen

Arbeitsmaterialien

Unter http://blog.kohlhammer.de/theologie/gemeinde-geht-weiter/ stehen Ihnen die
Arbeitsblätter zur Verfügung. Für Ihre konkrete Arbeit vor Ort können Sie die Arbeitsblätter ausdrucken und direkt damit arbeiten.

Literatur

Bucher, Rainer, ...wenn nichts bleibt, wie es war. Zur prekären Zukunft der katholischen Kirche, Würzburg [2]2012.

Bundesvereinigung kulturelle Kinder- und Jugendbildung e.v., Arbeitshilfe Öffentlichkeitsarbeit, Remscheid 1995.

Christsein gestalten. Eine Studie zum Weg der Kirche, hrsg. v. Kirchenamt im Auftrag des Rates der Evangelischen Kirche in Deutschland, Gütersloh 1986.

Doppler, Klaus/Lauterburg, Christoph, Change Management. Den Unternehmenswandel gestalten (1994), Frankfurt/New York, 12. aktualisierte und erweiterte Auflage 2008.

Erhardt, Martin/Hoffmann, Lothar/Roos, Horst, Altenarbeit weiterdenken, Theorien – Konzepte – Praxis, Stuttgart 2014.

Haas, Hanns-Stephan, Unternehmen für Menschen. Diakonische Grundlegung und Praxisherausforderungen (Diakonie. Bildung – Gestaltung – Organisation 11), Stuttgart 2012.

Hauschildt, Eberhard/Kohler, Eike/Schulz, Claudia, Milieus praktisch. Analyse- und Planungshilfen für Kirche und Gemeinde, Göttingen [3]2010.

Härle, Wilfried, Dogmatik, Berlin/New York, 2. überarb. Auflage 2000.

Horstmann, Martin/Neuhausen, Elke, Mutig mittendrin. Gemeinwesendiakonie in Deutschland. Berlin 2010.

Huber, Wolfgang, Kirche in der Zeitenwende. Gesellschaftlicher Wandel und Erneuerung der Kirche, Gütersloh 1998.

Jäger, Alfred, Lebenstheologie in Aktion. Werkstatt-Texte, Wien 2016.

Klostermann, Siegfried, Management im kirchlichen Dienst, Über Sinn und Sorge kirchengemäßer Führungspraxis und Trägerschaft, Paderborn, 1997.

Lange, Ernst, Bildung als Problem und Funktion der Kirche, Vortrag gehalten am 22.2.1974 in Hofgeismar, in: Ders., Sprachschule für die Freiheit, hg. v. Rüdiger Schloz, München 1980, 159–200.

Lindner, Herbert, Gemeinde: Kirche am Ort. Ein Plädoyer, in: Pohl-Patalong, Uta, Kirchliche Strukturen im Plural. Analysen, Visionen und Modelle aus der Praxis, Schenefeld 2004, 125–132.

Pannenberg, Wolfhart, Thesen zur Theologie der Kirche, München 1970.

Ringleb, Viktoria, Kooperation in Netzwerken, in: EKD-Zentrum für Mission in der Region (Hg.), Von der Institution zum Netzwerk. Ermöglichen-Wahrnehmen-Entwickeln-Erreichen-Leiten (ZMiR:doku 8-16. Dokumentation des Werkstattgesprächs am 20.6.2016 Berlin), Dortmund 2016, 14–20.

Ritschl, Dietrich, Zur Logik der Theologie (1984), München [2]1988.

Roosen, Rudolf, Die Kirchengemeinde – Sozialsystem im Wandel. Analysen und Anregungen für die Reform der evangelischen Gemeindearbeit (APrTh 9), Berlin/New York 1997.

Sauter, Gerhard, Planungseifer ohne Theorie. Theologische Anfragen zur Reform kirchlicher Strukturen, in: EvKomm 4 (1971), 189–193.

Schramm, Steffen, Kirche als Organisation gestalten. Kybernetische Analysen und Konzepte zu Struktur und Leitung evangelischer Landeskirchen, Berlin 2015

Steinmann, Horst/Löhr, Albert (Hg.), Unternehmensethik, Stuttgart [2]1991.

Schuster, Norbert, Management und Theologie. Führen und Leiten als spirituelle und theologische Kompetenz (hrsg. v. Thomas Schmidt), Freiburg i.B. 2008.

Schweitzer, Albert, Zwischen Wasser und Urwald, in: Ders., Gesammelte Werke in fünf Bänden, Bd. 1, München o. J., 315–476.

Schweitzer, Albert/Bresslau, Helene, Die Jahre vor Lambarene. Briefe 1902–1912, München 1992.

Schwöbel, Christoph, Kirche als Communio, in: Ders., Gott in Beziehung, Tübingen 2002, 379–435.

Senn, Felix, Der Geist, die Hoffnung und die Kirche. Pneumatologie, Eschatologie, Ekklesiologie (Studiengang Theologie VI,3), Zürich [2]2011.

Sulze, Emil, Die Evangelische Gemeinde, Gotha 1891 (^{2}1912).

Sundermeier, Theo, Konvivenz als Grundstruktur ökumenischer Existenz heute, in: Huber, Wolfgang/Ritschl, Dietrich/Sundermeier, Theo (Hg.), Ökumenische Existenz heute 1, München 1986, 49–100.

Tillich, Paul, Systematische Theologie Bd. 3 (1963), Berlin 1966.

Wegner, Gerhard, Teilhabe fördern – christliche Impulse für eine gerechte Gesellschaft, Stuttgart 2010.

Zulehner, Paul M., Pastoraltheologie Bd. 2: Gemeindepastoral, Düsseldorf 1989.

Autoren

Steffen Schramm

Pfarrer, Leiter des Instituts für kirchliche Fortbildung und Geschäftsführer des Zentrums für theologische Aus- und Fortbildung der Evangelischen Kirche der Pfalz, Sozialmanager, Organisationsentwickler. Langjährige Mitarbeit in diversen Perspektivkommissionen. Vorstandsmitglied der Fortbildungsreferentenkonferenz der EKD. 2014 Promotion bei Alfred Jäger.

Lothar Hoffmann

Diplom-Sozialarbeiter, Erwachsenenbildner M. A. Bis 2015 Referent für Fortbildung und Organisationsentwicklung mit Schwerpunkten der gemeindepädagogischen Arbeitsfelder Ehrenamt, Arbeit mit Familien und Altenarbeit im Institut für kirchliche Fortbildung der Evangelischen Kirche der Pfalz.